体育经济与管理研究

李颖颖　赵建民　韩吉鹏◎著

中国纺织出版社有限公司

内 容 提 要

随着社会经济的快速发展，我国体育产业规模空前壮大，体育经济逐渐独立成为体育发展中不可缺少的发展力量。本书以体育经济和管理为研究重点，从体育经济发展的经济学和管理学理论研究基础开始，对体育消费与市场、体育用品与常见体育经济发展、学校体育和社会体育管理、体育俱乐部与体育场馆管理及体育赛事管理等进行了详细介绍。本书适合高校体育相关专业师生阅读，可为高校体育课程教学研究提供一定的理论参考。

图书在版编目（CIP）数据

体育经济与管理研究 / 李颖颖，赵建民，韩吉鹏著
. -- 北京：中国纺织出版社有限公司，2024. 1
ISBN 978-7-5229-1360-5

Ⅰ. ①体… Ⅱ. ①李… ②赵… ③韩… Ⅲ. ①体育经济学－研究②体系－管理学－研究 Ⅳ. G80-05

中国国家版本馆CIP数据核字（2024）第016485号

责任编辑：史　岩　　责任校对：寇晨晨　　责任印制：储志伟

中国纺织出版社有限公司出版发行
地址：北京市朝阳区百子湾东里 A407 号楼　邮政编码：100124
销售电话：010—67004422　传真：010—87155801
http://www.c-textilep.com
中国纺织出版社天猫旗舰店
官方微博 http://weibo.com/2119887771
三河市延风印装有限公司印刷　各地新华书店经销
2024 年 1 月第 1 版第 1 次印刷
开本：710×1000　1/16　印张：14
字数：220 千字　定价：99.90 元

序　言

随着时代的进步，中国的体育运动得到了前所未有的发展，体育运动也越来越自给自足，并逐步形成了一股推动我国体育发展的强大动力。体育经济的发展，是一个社会和体育在某种程度上发展到了某个阶段后的一种必然结果，根据行政管理规定来确定公益型、商业型的体育经济架构，对体育经济的各种行为进行规范，对体育经济的发展状态进行监督，对体育经济的发展规模和步伐进行调控。体育经济在促进我国体育产业健康发展中发挥着举足轻重的作用。在体育经济发展进程中，除了要强化相关的管理工作外，还要推动体育又快又好地发展，确保国家总体的经济发展，并对发展中存在的问题进行总结，以防此类问题再次发生。在今后的工作中，要把体育的经营作为一项重要的工作，以积极的、正向的心态对待经营活动，并制订一套科学、合理的经营策略，从而推动体育经济活动的顺利进行。

由于体育经济本身的独特性和复杂性，也由于其相关的经济政策无法与其特定的发展需求相适应，其发展道路并不平坦。我国体育经济的发展，要求国家有关部门在推动我国体育工业发展的同时，不断提升其经济链条的层次。我国的体育产业要在不断扩大经济效益的基础上，在一定程度上促进其发展。体育经济是在体育与经济这两个完全独立的学科之间进行沟通与结合后的产物，它不仅是我国近代体育发展的主要内容，也是我国国民经济中的一个主要行业，它肩负着发展体育和推动经济发展的双重任务。

本书是一本以体育经济和管理为重点的书籍，从体育经济理论基础开始，对体育消费和市场、学校体育和社会体育管理展开了详细的分析和研究；此外，对于体育俱乐部和体育场馆管理、体育赛事管理等内容也作了一些介绍。本书适合作为高校体育课的教材，可为高校体育课的教师和学生提供参考。

因笔者学识浅薄，本书尚有许多不够完善的地方，请广大读者及专家多多指教，不胜感激。

李颖颖

2023 年 9 月

目 录

第一章　体育经济概述

第一节　体育与经济的关系

一、经济发展的内涵

理解体育对经济发展的作用，首先应当理解经济发展的内涵，包括经济发展与经济增长的区别，以及当前经济发展过程中的主流是发展而不是单一的增长。

（一）经济增长和经济发展的区别

“增长”和“发展”是两个完全不同的概念。经济增长是指在某一段时间里，一个国家或区域的生产和服务产量的提高，一般情况下，以国民经济的总产值、净产值或国民收入作为衡量指标，其中包括物质资源、人力资源以及货币资金的增长和合理分配等。而“经济发展”是指随着经济发展而发生的一种经济结构和制度的变迁。

（二）经济发展成为主流

经济发展以产出的增幅为主，以产出的增幅为测度指标。与增长相比，发展的意义更加宽泛，它不仅包含更多的产量，还包含改善分配结构、改变社会构成、促进人与自然的和谐、改善生活水平和品质，还包含更多的自由选择和平等机会。经济发展不仅注重社会财富的“量”的提升，还注重社会财富的“质”的提升。经济发展方式转型，既包括经济增长方式的转型，也包括从以增加资源投入和消耗来实现经济增长的粗放型增长方式，到以提高资源使用效率来实现经济增长的集约型增长方式，还包括结构、质量、效益、生态平衡和环境保护等方面的转型。在工业化过程中，许多国家都处于起步阶段，科技含量较低，生产上依赖资源的输入。

二、体育对经济及经济发展的作用

（一）体育对经济的作用

从体育经济学产生的那一刻起，体育与经济的关系就成为一个基础的、经久不衰的话题，一直伴随体育和经济的双重发展而发展。在目前阶段，对于经济在体育中的影响，人们的看法基本是一致的，那就是经济是体育发展的基础和前提，它对体育发展的目标、内容、手段都有影响，也对体育发展的规模和速度等有影响，还对体育发展的体制和结构等有影响。而在经济发展过程中，又要考虑经济增长、经济体制、经济结构等因素。对此，人们日益从双向的角度理解，而不仅限于对经济发展的一种看法。

1. 体育对经济增长的作用

在体育对经济的影响和作用的研究中，被提到最多的是它对经济增长和发展的影响，此外，还被提到了在宏观层面上，即体育对国民经济和城市经济发展的影响，体育产业的市场拉动效应、创汇效应、就业效应和产业联动效应等都对经济发展起到推动作用。在促进中国的可持续发展方面，体育行业必将扮演更加重要的角色。体育运动在促进我国经济增长中所起的作用主要表现在：①体育运动已成为我国近代社会中最主要的一种精神财富；②体育运动是一项重要的生产力，它对社会经济发展起着越来越重要的作用；③体育运动自身蕴含很大的经济价值，其所形成的行业必然有广阔的发展空间；④体育运动可以给人们带来大量的工作岗位。

2. 体育对经济发展的作用

今后，体育产业必将成为国家经济发展中不可或缺的一部分，对促进国家经济可持续发展起着举足轻重的作用。体育与经济相互促进、相互支持，体育对行业的发展起到了重要作用，行业的发展又促进体育的发展，进而促进整体国民经济的发展。体育运动在国民经济中的作用已经渗透到各个行业，其带来的利益无论是物质上还是精神上都不容忽视。二者存在互相促进又互相依存的关系，促进我国体育事业与社会经济的共同发展与繁荣。这样一个潜力巨大的发展经济的市场，必将给我国经济发展创造出无穷的活力。

普及体育活动对扩大内需、刺激消费、培育市场具有重要作用。体育竞赛活动的普及，能够为社会经济的发展带来强大的精神力量，使体育竞赛活动的激励机制得以有效发挥，从而促进社会主义市场经济体系的建设和健全；体育产业的发展对促进我国经济发展起到了重要作用；在我国高校中，体育的普及和发展不但为高校的教学和科研工作提供了新的思路和方法，更为高校的教学改革提供了新的契机。

我国的体育产业在促进经济发展方面具有五个作用：①增加经济效益；②体育产业为社会提供了大量的工作岗位；③体育产业能有效地推动城市的发展；④体育产业带动了其他行业的发展；⑤体育产业在世界范围内的影响力巨大。

体育产业是我国国民经济发展的重要组成部分。首先，对我国经济总量的提高起到了推动作用。当今世界，我国的体育运动已经发展到了一个新的高度。其次，增加大量的工作岗位。一个民族的经济有没有实际的发展，不只取决于它的总产值，更取决于它的就业情况。再次，发展我国的体育产业，对我国的工业结构具有积极的促进作用。最后，体育产业对我国国民经济具有可持续发展的作用，对拉动内需具有重要作用，对推动我国各项产业发展具有重要的现实意义。

3. 体育在城市经济发展中的作用

体育对城市经济发展的作用主要体现在以下五个方面：首先，体育可以加快城市化进程，推动城市的快速发展。其次，体育能够促进城市经济的繁荣，激发市场消费需求，为城市经济增长注入动力。再次，体育能够为当地居民提供大量的就业机会，有效缓解就业压力。同时，体育的发展能够推动基础设施建设，提升城市的整体形象和品位。最后，体育有助于扩大城市间的经济合作与交流，促进城市间的互利共赢。

（二）体育对整个经济发展的作用

在体育经济的研究中，传统的看法仅关注体育对经济的影响。笔者认为，在我国，体育产业是一种特殊的产业，它对经济增长、经济结构、经济体制三个方面都有影响。

第一，在新的体制下，由于经济对竞技运动的体制和方式产生了一定的影响，所以竞技运动的体制也随之发生了变化。为满足现代社会对高质量劳动者的要求，体育运动已被纳入经济建设中。与此同时，科技的发展和生产的现代化，使工人的生存环境得到了改善，工作时间减少，这就对体育运动提出了新的要求。休闲体育、健身体育和福利体育都在快速发展，竞赛体育的规模也在不断扩大，体育的构成日益复杂化。面对日益复杂化的体育运动，作为其限制因素的社会经济结构必然随之变化。

第二，体育对国家经济的转型起到了推动作用。我国的经济结构以行业为主体，而体育行业的迅速形成与发展，不但使第三产业的经营范围得到了扩大，而且使第三产业的产值有了较大提升，对产业结构的优化也产生了较大影响。从发达国家第三产业发展的基本规律可以看出，在发展的早期阶段，为第二产业提供服务的金融、保险、交通运输等行业会有迅速的发展。然而，随着时间的推移，这些行业的发展会逐渐放缓，而为提升国民素质和生活品质提供服务的行业，比如，教育、文化、体育等，将会继续迅速发展。因此，体育产业是一个上游产业，它不仅可以带动和推动第二产业中的相关行业的发展，也可以带动和推动第三产业中的部分行业的发展，对整个国民经济总量扩大和结构调整都起到了一定的推动作用。

体育对经济系统的影响，主要是指通过社会文化、道德以及人口等因素的作用，对经济系统产生影响。体育可以培养劳动者的思想和道德，提升劳动者的精神文化，从而提升他们的劳动主动性和创造精神，进而对经济发展产生积极影响。同时，它还可以在生产部门中，从上层建筑、意识形态等各个方面，对提高社会生产力起到一定的促进作用。社会是一个有机体，所有方面都是相互影响和渗透的，这些方面都是通过对经济体系的影响来实现的。

三、体育与经济发展的关系

体育与经济发展之间的关系主要体现在两个层面上，既有直接的，也有间接的，并且除了相互影响、相互作用外，还体现为相互约束的关系。因此，在利用这些经济条件时，必须与用于其他部门的物质资料和经济条件相协调、相平衡。另外，由于体育经济发展的效果具有周期性长、有效性迟缓的特征，所以，在处理这两者之间的关系时，不但要对经济发展水平予以考量，还要对增加的投资进行现实化考虑，使其得到发展；也要将仅关注一时的短期的经济利润而忽略体育对经济发展的长期性和迟效性的看法扭转过来，要用发展的眼光看待体育和经济发展之间的关系。

四、体育与经济的一体化发展措施

（一）体制创新，保证一体化发展的有效运行

创新是推动社会前进的重要因素，唯有不断地发展与创新，体育与经济的整合才能与日益完善的社会主义市场经济相适应，从而达到可持续发展的目的。目前，我们仍未实现对体育与经济的整合，在公众眼中，体育与经济仍然是两个部门、两个领域，这种发展现实导致体育与经济很难实现高效协同发展。

（二）增强环境创新，促进一体化发展的稳定发展

在促进体育与经济整合的发展过程中，环境的好坏起着关键作用。外界的政策支持和管理方式都会对体育与经济整合的实现状况产生很大影响。所以，优化环境因素，可以有效地促进体育与经济整合的发展。第一，加强对公众的舆论导向，可以采用电视和网络等媒介，在传播的时候要选择公众能够接受的途径，同时要坚持“以人为中心”的原则。由此，使人们真正认识到，体育与经济的发展，无论是对社会还是对自己，都有非常重大的意义。第二，政府出台相关的扶持政策，为企业提供有利的发展条件。国家的政策引导在很大程度上能产生正面影响，一个完善的政策系统将促进我国的体育产业朝着更加健全的方向发展。同时，有关方面的干预也会在某种意义上促进有关市场的运作，因此，政府的监管作用很大。

（三）目标创新，增强一体化发展竞争力

许多人认为，运动只是一种休闲活动，不利于进一步深化运动消费。所以，我们要把比赛与商业结合起来，开阔大家的视野，提高大家对运动与经济关系的认知。这种情况下，我们应当根据当前的形势，不断改革我国的体育与经济融合的评价准则，以促进我国的体育与经济融合取得更大的进步和有效的发展。其中，经济发展水平和生活结构是影响城乡居民生活质量的重要因素。应根据评价系统所呈现的状况，如人们的消费趋势、生活方式、追求的发展模式、健康状况等，有针对性地适应体育和经济整合的发展趋势。

（四）促进管理创新，增强一体化发展动力

在一个国家和地区的发展进程中，经营者扮演着非常重要的角色，从某种意义上说，它对我国的体育事业能否健康发展起着决定性作用。所以，经理人拥有先进的管理观念和体系的管理方式，将会为实现体育与经济融合的良性运作做出巨大贡献。目前的市场经济条件对企业的经营管理工作者提出了更高的要求，必须具有较高的政治素质、丰富的工作经验和较强的创造性等素质，还要有目前现代化管理的有关文化意识，以及对体育和经济融合发展的深刻理解。

第二节　体育经济发展的理论基础

一、产业经济学定义

工业经济，是一个很大的研究方向，是一种新的、实用的、用于研究实际经济问题的经济学理论。

产业经济学把“产业”视为一个有机的统一体，对产业之间的关系结构进行了分析，并对产业内部企业结构的演变做出了梳理，提出了对产业内部企业结构演变的认识。

产业经济学关注的是产业内各企业间的交互关系的规律、产业本身的发展规律、产业与产业之间的交互关系的规律、产业在空间区域中的分布规律等。

二、产业经济学基本理论

产业经济学是一门以“产业”为中心，以产业间的关系结构和企业内部的组织结构以及它们之间的互动关系为主要内容的应用经济学。事实上，我国的经济发展并非一个总体的发展进程，而是一个分阶段的发展进程。在某一时期，一个国家的竞争力也是一种工业竞争力。因此，虽然它的产生时间较短，但是由于它具有很强的应用价值，已逐渐被人们接受。

（一）产业经济学的研究对象和主要内容

跟其他经济学科相同，产业经济学也是一门单独的经济学科，它有自己的研究目标和内容。对产业经济学的研究目标和主要内容进行全面剖析和学习，对于我们从总体上理解和掌握产业经济学的科学体系大有裨益。

1. 产业经济学的研究对象

工业经济通常以工业为研究对象。而“产业”则是一群有共同特征的公司。工业是一种伴随社会经济发展而出现的社会经济活动现象。“工业”这一概念，在各个发展阶段、各个理论界都有各自的定义。从产业组织的视角看，“产业”就是“以相同或相似的商品和服务为代表的一群公司”；从产业结构的观点来看，产业有两个最根本的特征，即使用相同的原材料、相同的工艺技术或相同的生产产品，它们共同组成了产业经济学所要研究的对象。

一是以“以相同原材料、相同工艺技术和相同产品为目标的一群公司”为对象，对工业部门间的定量关系和技术—经济关联模式进行分析。同时，工业关联性和工业空间分布也与工业的发展密切相关。

工业关联性是工业过程中的终端工业与作为其输入的中间工业的相互联系，也是两者在技术和数量上的相互联系。工业布局是一个国家或区域的工业生产率在某一特定区域的空间配置与组合，是一种工业的空间组织。

工业空间结构是否科学，直接关系到一个国家或区域的经济发展水平。

二是以“具有相同或相似特征的一群公司”为对象，考察其在行业中的关联结构，从而确定其在实现规模经济和充分发挥自身动力间的均衡关系。

对工业企业的发展过程进行分析，对工业企业的发展有一定的指导意义。工业政策是工业经济学的终极目标。从本质上来说，产业经济学是一门以行业为研究对象的经济学科，是一门介于以国民收入理论为中心的宏观经济学与以价格理论为中心的微观经济学之间的学科，是一种对具有某种共同特点的企业的集合或系统的考察，本文从两个角度对其进行分析。

2. 产业经济学的主要内容

工业经济在这一领域有重要的指导意义和应用价值。在世界范围内，由于人们对其适用范围的不断扩大，有关工业经济的学术论文和著作日益丰富，出现了“百家争鸣”的局面。工业经济是近几年来最活跃、最令人兴奋，也最有成果的一个研究方向。工业经济所关注的自然是工业，因此我们必须有一个清晰的观念。更确切地说，“工业”是一个建立在社会上的国家，在各种不同的社会劳动中，在生产和运营的过程中，总有某种程度上的共同点或相似点，我们将具有相似性的公司或单位以及它们的活动的集合称为“工业”。有许多不同的社会分工，从所有的物资生产部门到所有的行业，都可以称为工业。行业介于微观与宏观之间，宏观的、中观的、单个的公司都可以被纳入微观经济的范畴，而这些公司的集合就形成了一个行业，而行业是国民经济中的一个非常重要的部分，行业的经济活动、政府的经济活动（包含某些经济政策）和消费者的经济活动（主要是购买）三个方面共同构成了国民经济。微观经济的规律只有通过对微观经济学的分析来发现，而宏观经济的规律则是通过宏观经济学来解释。在经济链条中，产业经济学被赋予了一个重大的使命，那就是对产业经济的分析和发现。

“工业”的内涵是多层次、多层面的，特别是产业的内涵是非常丰富和交叉的，包括产业本身、产业与产业之间、产业内部、产业的分布状态和产业的发展情况。因为“产业”一词的包括性很强，所以与之相适应的经济领域也很宽泛，包括产业类型、产业结构、产业分布、产业关联、产业发展、产业组织、产业政策、产业规则。这些特定的研究目标与资源在不同行业间的分配状态以及它们的变动相关，本课题的目标和意义就是进一步优化资源配置，使资源得到合理、充分、有效的使用，进而推动行业发展中资源的动态优化配置。工业布局常牵涉区域间资源的分配状态和变动，因此，对工业布局进行分析是从本质上调整和优化资源配置的需要。而对于工业网络，也就是工业中各种公司和工业自身的相互联系进行研究，其终极目标就是推动工业资源在内部实现最佳化。产业规制和产业政策与政府对在产业发展中产生的资源配置不合理问题有关，它们都是由政府进行管理和调整的，从而使其在产业发展中更好地进行管理和调整，解决资源配置不合理问题。所以，从本质上来说，工业经济学主要以工业经济活动中的资源配置为基本目标，即工业经济活动中的资源配置问题。

（1）产业组织

产业组织是对市场运作的一种研究。笔者认为，企业组织理论是一个比较宽泛的概念，它包含企业理论、管制理论、反垄断政策、契约理论和一些组织理论。作为微观经济学的一个纵深发展，产业组织学从市场的角度来研究企业的行为，也可以说是从企业的角度出发对市场结构进行研究，其中涉及企业之间相互竞争的行为，以及这些竞争活动与市场结构和绩效的紧密联系，这些都是对行业中具有相互依赖或市场交互特征的企业的市场行为进行细致和深入的研究，因此更有针对性。例如，价格竞争、产品定位、广告计划、新产品研究与开发。与宏观和中观相比，微观上更倾向于关注某些偏激的经济现象，比如完全垄断和完全竞争。因为产业经济学是一个中观的经济领域，所以，在产业经济学中的产业组织学更倾向于对某些处在中等水平的经济行为进行分析，如寡头竞争、垄断竞争等不完美竞争市场，其关于某个市场绩效、社会福利和竞争秩序的结论一般都是从对具体市场运作的分析中得到的。对产业组织特征的分析，有利于国家制定与执行相关的公共经济政策，从而更好地利用国家的宏观政策来维护市场的基本秩序，提高社会的整体效益，从而提高社会的可持续发展能力。

（2）产业结构

产业结构是产业经济学中的一个关键问题，而关于产业结构的研究，就是对产业与产业之间的关系以及这种关系的产生、发展和外在表现形式进行的研究。因为，工业经济的本质是对最优资源进行分配，所以，工业结构理论就是从经济发展的视角对工业部门之间的资源占有进行分析。从宏观角度看，各行业间的比重与变动，可以概括为对行业结构深化的理论研究。从定义上看，工业结构是指工业和工业之间的相互关系。因此，对产业结构的研究具有更广阔的角度，而非对产品的交换、消费和占有问题，或者对产业进行分类。产业结构不仅是对产业发展的基本规律进行探讨，而且对产业发展、产业结构由低到高以及产业结构的调整进行探讨。因为工业的发展和工业之间的相互关系是一个动态演化的过程，所以必须按照科学发展观，用一种动态的方式对正在发生改变和发展的工业结构进行分析，这种方法被称为动态研究法。通过对行业的动力学特征的考察，我们在垂直方向上对行业在各个时间、各个阶段的变化进行深入分析和研究；同时，有助于我们从一个侧面来看各行业之间的相互制约关系。

（二）产业经济学的研究方法

对产业经济学进行分析与解剖的前提是选择科学的研究方法，正确选择研究方法可以让我们更有效地对产业经济学做出科学的分析与判断。

1. 产业经济学的基本研究思路

根据产业经济学的研究对象、学科性质和研究内容的复杂性，研究产业经济学有多种思路可以选择。

（1）实证研究与规范研究相结合

在对工业经济进行研究时，可以采用经验性和规范性两种方法，但主要以经验性方法为主，原因有二：

①作为一种新型的、用于分析与解决实际经济问题的经济学科，它的“应用性”要求我们在研究方式上更加注重实证。②目前学术界普遍关注的

问题是：重视规范分析，忽略经验分析，导致理论与实际脱节。

（2）宏观分析和微观分析相结合

这是一种一般的经济学思维方式，在产业经济学研究中，对产业结构的理论和应用进行了大量研究，从一定程度上来说，产业结构是一种大范围的结构类型，对一个国家的产业结构变化进行考察，是从全球和全国的角度来进行。在分析企业和市场机构之间的关系时，把它们看作一个市场中的竞争者。

（3）静态研究与动态研究相结合

所谓“静止式”，就是指在一定的时间或者很短的时间里，从一个“横截面”来观察被试的情况。而动力学则考察事物在发展过程中所发生的变化。对产业经济学的静态分析，是指对某一行业内和行业间的联系的现状进行分析，以寻求解决实际经济问题的方法。而对产业经济学的动态研究，指的就是对特定产业和产业间关系的过去、现状和未来发展趋势进行一系列研究，希望能够找到产业变化的运动规律。所以，对工业经济进行动态分析是一个有效途径。

（4）定性研究与定量研究相结合

由于工业经济涉及的领域广泛、复杂，并且新出现的问题很难使用量化的分析手段，因此，在工业经济中，质的分析显得尤为重要。即便是对某些经济学现象的量化分析，也必须先进行质的分析，才能确定量化分析所要考量的要素。而由于存在大量的定量关系，传统的定性分析方法很难有效地处理这些问题，因此，必须构建一个能够解释这些现象和规律的数学模型。例如，在工业企业的发展过程中，企业的实际规模经济、市场集中度以及企业的准入障碍等都要使用相应的数学模型来衡量。其实，在工业经济领域，很多经济问题都是使用质和量相结合的方法来处理的。

2. 产业经济学的基本研究方法

（1）基本研究方法

产业经济学所涉及的课题错综复杂，涉及的范围也很广泛，所以在对工业经济进行分析的过程中，存在许多不同的途径。其基本方法是：

①采用经验法和规范性分析法。这是对工业经济进行分析的一种途径。尽管本文将经验性与规范性相融合，但其重点在于经验性。其特点是：产业的组织理论产生的历史较短，在当代经济学中，产业组织理论的作用是分析与解决现实经济问题，因此，对其进行的研究以解决现实问题为主，故而其研究方法更侧重于经验主义。

通过对已有的工业经济理论的梳理，笔者发现，相对于经验分析，更多地关注规范分析。这就造成了理论和实际之间存在巨大偏差。由于上述原因，很多来自规范性研究的理论性思想很难为实践部门所接受。

②将质和量的分析方法有机地结合起来。产业经济学涉及的范围非常广，涉及的问题也非常多，而且在该领域中出现了很多新的经济现象，因此，单纯进行量化研究是很困难的。这在客观上需要我们在进行质的研究的时候，要与量的研究相结合。即便是对某些经济学现象的量化分析，也必须先进行质的分析，才能确定量化分析所要考量的要素。其中，质性的考察是对工业经济学的总体和规律的概括，量性的考察则是对工业经济学的一些特殊的量化考察。通过对两者的界定可以发现量化与质化的研究有很大区别。量化分析着重于“数量”，并从某种“数量”上归纳出某些行业发展的规律性。而定性分析强调的是“性质”，这个“性质”不仅指物质上的特性，还包括其内部的规律性。可见，唯有从内部着手，对“量”的繁复，方能降低其繁复的难度。所以，以质为本，以量为本。然而，由于存在无数的定量关系，单纯进行内部研究，即定性研究，问题难以得到有效解决，这就要求对许多相关的现象、问题和数据进行分析，即要进行定量分析，从而更好地从总体上概括出一些产业经济现象的关联，进而对行业发展的演变进行总结。

（2）具体研究方法

①计量经济学。计量经济学是以实证与实验相结合的方式，探究其中的逻辑联系。计量经济学是产业组织研究的重要手段之一。该模型不但可以作为研究客体间相互联系的重要手段，还可以作为一种重要的实证研究

手段。

②运用个案分析的方法。在工业经济中，个案分析法是一种重要的分析手段。顾名思义，该方法主要是通过对现实经济活动中的各类案例进行研究，采用定量和定性相结合的手段来解释某一经济规律。需要指出的是，该研究更侧重于不能进行精确定量分析的、具有现实意义的、复杂的经济实例。我们都清楚，有的规则一目了然，但在不同的情况下，规则往往会被掩盖在不同的外表之下。通过个案研究，我们可以更深入地了解那些以各种面孔出现在我们面前的经济现象。它有助于提高经济学研究者对事物的敏感度，从而更好地理解和掌握事物的内在规律。

③实验研究法。实验方法是指在实验室环境内，对真实市场中人们用肉眼不能观测到的一些细小的变量进行观测，比如信心、边际成本等，它们会对商品的价格产生一定影响，同时会对企业的市场份额、市场集中度产生一定影响。对它们进行观测和研究，得出一些规律，可以对一些变量进行有效控制，进而对变量与变量之间的因果关系进行检验。实证研究是对工业组织理论进行验证的一种有效手段。

（三）产业经济学的学科领域

1. 产业关联理论领域

产业关联是指对各行业间的生产要素与生产要素的相互影响进行分析的一种新视角。它能够较好地体现各个行业对生产要素的需要与生产要素之间的相互关系，从而使其与工业结构、工业组织等不同。

同时，对不同行业间的相互联系（正反两方面）、行业间的相互影响（如行业敏感性和影响力、对生产的最终依赖性、对工作岗位和资金的需求）等进行研究。

2. 产业布局理论领域

产业布局是一个国家或地区经济发展计划的基础，也是其经济发展战略的重要组成部分，更是其实现国民经济持续稳定发展的必要条件。

产业布局的基本内容包括：产业布局的影响因素、产业布局与经济发展之间的关系、产业布局的基本原理、产业布局的一般规律、产业布局的方向性、产业布局的对策。

3. 产业发展理论领域

产业发展的基本原理是对产业发展的规律和周期、影响因素、产业转移、资源配置和发展政策进行探讨。

对行业发展规律的分析，有助于决策者按照行业发展的每一个阶段，制定具有针对性的行业政策，也有助于企业按照行业发展规律，制定适合自己的发展策略。

4. 产业政策理论领域

纵向上，从产业政策调研（预先经济分析）到政策制定、政策执行、政策效果评价、政策效果反馈，最后到政策修改。

横向上，主要包括产业发展政策、产业组织政策、产业结构政策、产业布局政策、产业技术政策等；按其功能特点可分为次序（或称为制度）和程序（或称为行为）两类。

三、体育产业经济学基本理论

在不同的发展阶段，我国的体育产业结构也会有相应的调整。针对每一个阶段的现实发展情况，我们的体育产业理论也有很大的发展。在我国，体育产业刚刚起步的时候，就出现了单一性的体育产业类型学说。改革开放后引入了市场经济体制，在短短 20 年的快速发展中，不仅形成了复合型体育产业类型理论，也形成了混合型体育产业类型理论和健康体育产业类型理论、体育相关产业类型理论，还有在世界体育产业发展和我国体育产业发展过程中出现的各种体育产业类型理论。但是，各种体育产业都可以被划分为两大类：一类是由体育（职业、健康）支持而形成的体育产业；另一类是由（利用）体育活动的宣传而形成的体育产业。所以，对我国竞技运动的种类进行研究，其实就是为了顺应竞技运动的发展需要，对竞技运动的种类进行更多分类与探索。

（一）单一型体育产业类型理论

在中国，体育产业刚刚起步的时候，大致可以划分为三大产业：体育服务业、体育空间设施和体育用品。其他各种体育产业都是围绕这三大产业展开的，所以这三个产业又被称为“三大基础产业”，而单一型的“三大基础产业”，就是对这三种基础产业形式和它们的实质进行较高的总结。这就是说，还处在起步阶段的三大体育基本产业，以本企业为核心，彼此之间并不协作，是产、供、销自成一家的独立体。

运动器材产业的发展在国内已有很长一段时间，很难得到确切的证实。若从古代的弓箭、长矛、刀枪、长剑、长戟等“体育用品”的角度来看，我们的运动器材产业可以说走在了世界前列。

体育服务产业，主要是向有体育需求的顾客提供体育活动的机会（体育活动场所、体育赛事机构、体育用品、设备等），以及与体育相关的咨询服务。所以，在我国既无长期的历史，也无近代的高速发展。尽管在中国的传统武术中，从其实质来说，可以将其归入提供武术指导的行业中，但与之相关的报纸、杂志、电台、电视等，发展速度缓慢，很难成为一个有一定规模的体育服务行业，这对整个国家的体育服务产业发展产生了巨大影响。

（二）复合型体育产业类型理论

1. 复合型体育产业类型理论

随着改革开放的深化和市场经济的逐步完善，我国的体育产业进入了一个新的发展阶段。首先从“商业盈利行为”入手，突破了以往仅由政府提供的纯粹公益服务的“计划”理念，将其推向了市场经济，并以“商品”的形式融入人们的生活中，从而形成了一种新型的“综合型”体育产业。

中国体育产业发展迅速，从单一的体育服务、设施和用品产业逐渐转变为以提供综合体育服务为主的复合型产业，以满足人们对体育消费的需求。复合型体育产业主要包括：体育服务产业和体育用品产业相融合而形成的“体育相关流通产业”，体育服务产业和体育空间设施产业相融合而形成的“体育空间设施经营管理产业”。可以说，在以前的三大体育产业的基础上，我国的体育产业发展为五大产业。而这五大产业的发展，则以“竞技运动”“健身运动”为支撑。此时的职业体育和健康体育，既是其他体育产业的支柱，又是以产业的形式存在、经营、发展的，其发展情况对其他五大体育产业的发展有很大影响。值得指出的是，在此期间，我国已有了一个初步的运动休闲的形态，只不过目前还处于“依附”于其他运动或文化娱乐项目的阶段。尽管其“频率”越来越快，影响力也越来越大，但是目前仍很难成为具有一定规模的市场，因此，在这里笔者并未把它列入“支撑”的产业序列中。

这种发展阶段，在体育用品产业，还有类似的“一家公司，一家一户”的“单干”经营模式，不能适应社会对体育产业的需求，也不能适应人民群众对体育越来越多的需要。很多大型的体育用品制造企业，在积极、认真地吸取企业直销的经验之后，经过深思熟虑，最终决定采用专业的体育用品中间营销机构或体育用品连锁店的营销策略，从而拉近了生产者与顾客之间的距离，排除了过程中产生的各种障碍，提升了企业和产业的品牌形象，拓宽了体育用品市场（销售点和销售面），最终构建了专业的体育用品销售网络。运动服务业和运动产品两个主要行业的联合，为运动产品的消费者打了一针“安心剂”，也吃了一颗“定心丸”，从而消除了他们对运动产品的担忧。因为这个时候公司出售的运动产品，并不只是以前的实物。体育用品是由专业公司进行销售和经营的，与体育用品消费者相比，其不但具有体育文化的元素和内涵，而且具有享受体育服务的承诺和要求体育服务的权利。

在这一发展阶段，计算机、互联网、多媒体等现代化通信技术在经营管理中得到运用，发挥了人类不能发挥的作用，使得经营管理更加科学、合理。在健身训练中，电脑不仅能准确地探测到顾客必须加大锻炼的肌肉，而且能为他们提供各种锻炼方法和指导方案，同时能为他们提供合理的月度、季度、年度锻炼方案。因此，“体育服务”作为一项财产（或者说资金）的管理理念的萌芽，延伸到了对体育服务的管理，并在此基础上提出了对体育产业进行管理的理念，走出“第三产业”与“流通领域”这两个概念的束缚与迷茫，走进了一片更加宽广的发展空间。

这一阶段的体育产业，除了“无依无靠”的单一“三大支柱产业”外，还新增了五大支柱产业，形成了七大支柱产业：

①运动设备工业。

②体育服务业。

③运动场地设备行业。

④与运动有关的流通业（运动服务业 + 运动产品业）。

⑤运动场地运营与管理业（运动场地服务业 + 运动场地设备业）。

⑥专业的体育运动（辅助性或基本性的）。

⑦保健与运动（辅助性或基本性的）（保健业 + 运动业）。

2. 体育相关产业类型理论

“与体育有关的工业种类说”是“混合工业说”的又一形态，它与运动有关。这主要是指伴随职业体育和健康体育的快速发展，曾经想要加入却没有加入的体育产业，或者原本应该加入却没有加入的体育产业，逐渐加入体育产业中，变成了以职业体育和健康体育为基础，围绕职业体育和健康体育的发展，对企业产品或企业服务进行推广的一种过程，这就是体育产业，并向一个新的产业，即与体育相关的产业推广企业产品或企业服务，以实现公司的总目标。所以，在这种形势下，“体育”仅仅被当作一种手段来使用，以实现商业目标。类似地，“体育”就像一个被“拍卖”或者“出售”的被标有价格的货物。

本文紧密结合我国竞技运动与健康体育运动的发展与普及进程，提出了竞技运动与行业分类的理论。这些活动只不过是一个“载体”或者“媒介”，为公司推广其商品、服务和提升品牌形象而使用的手段。其营销内容及营销方式等经营方式、手段、策略问题，并未受到专业运动与卫生运动的“原义”的制约。即便有些约束，也只是“字面上的”，甚至是“道义上”的约束，缺乏具体的内涵与现实含义。当然，从纯粹的体育产业发展的观点来看，这种体育产业的出现与发展，极大地拓展了体育产业的经营范围，快速地构成了一个新的、更广阔的体育产业经营市场，因此，大大促进了体育产业的发展，提升了体育产业的总体发展水平。

与运动有关的产业在我国已形成的运动产业中排名第 8 位。这 8 个类别几乎囊括了我国目前存在的各种运动产业分别为：

①运动设备工业。

②体育服务业。

③运动场地设备行业。

④与运动有关的流通业（运动服务业 + 育儿业）。

⑤运动场地运营与管理业（运动场地服务业 + 运动场地设备业）。

⑥竞技运动行业（基本行业和辅助性行业）。

⑦保健与体育运动（基本行业与支柱行业——保健与体育运动）。

⑧与运动有关的工业（以运动为基础的运动工业）。

3. 健康体育产业类型理论

在健康体育产业被提出之后，由于其本身所具有的独特性质，又被提为一个独立的产业类型。健身体育产业并非离开“复合”而出现的另一种新兴的体育行业，而是在与其他体育产业相结合之前，就已实现了自己的“小复合”。所以，健康体育产业可以进行更细致的划分：健康体育产业 = 健康产业 + 体育产业。

保健型运动工业是保健型运动与保健型运动的完美融合。其中，体育和保健两个方面都具有重要意义。而在现代，健康的定义也从原来的“身体健康—心理健康—身心健康”，发展到了“身体健康、心理健康、生活健康”这样一个更加广泛的层面。所以，又很自然地将其扩展到了健康体育产业，并赋予了健康体育产业“身体健康—心理健康—身心健康—身体健康、心理健康、生活健康”的一个宽广的特殊产业功能。因此，由于“健康概念”的日益成熟与迅速发展，我国将其与专业的体育产业区分开来，从而形成了一套相对于专业的体育产业的独立的范畴理论。利用“复合”的体育产业类型的原则，将健康体育产业纳入一个完整的、全面的、综合的、健康的、有体育产业的、有健身行业的七大产业，这七大产业分别是：

①卫生与运动服务业。

②保健型运动器材行业。

③康养运动场所和设备行业。

④保健与运动的流通业（保健与运动的服务业＋运动与器材业）。

⑤保健运动场所的运营与管理行业（保健运动服务行业＋保健运动场所设备行业）。

⑥保健运动工业（保健工业＋运动工业）。

⑦保健运动相关行业（以保健运动为基础的保健运动产业）。

“七大健康体育产业”又一次阐释了我国“七大卫生体育产业”的概念，构建了一个完备的卫生体育产业分类体系，但并非表示它独立于“综合体育产业分类”体系。相反，它是一个“子体系”，与“综合运动”体系的整个体系有机结合在一起，“子体系”受到综合运动的规范、调节与约束，但又维持其“子体系”的相对独立与完整。

（三）混合型体育产业类型理论

1. 混合型体育产业类型理论

随着我国体育产业的发展和我国体育产业的国际化，欧美国家的一些体育经济学家，在以往的体育产业分类的基础上，提出了一种新的体育产业分类，被很多人称为“复合型”。在现代体育产业管理理念的引导下，举办一场重大的运动会，以往只是一个运动机构或者一个机构的行为，现在的操作者和组织者所思考的却不只是与比赛相关的一些问题，比如运动员、教练员、裁判员等，还要考虑如何满足广大观众的各种需要。

“职业体育”“健康体育”这两个主要的体育产业，以及其支持的各类体育产业，都可以作为一个支撑点、一个据点，来宣传公司的商品、服务、品牌，从而构成一个新的关联的体育产业。任何一种体育产业，都有可能自觉或不自觉地联合到其他类型的体育产业中，也都有可能自觉或不自觉地将其他类型的体育产业纳入自己的产业类型中，这样，原本单一型和复合型体育产业就变成了更适合现代体育发展需要、更适应时代发展竞争趋势的混合型体育产业。

例如，举办一场大规模的体育赛事（比赛）时，按照“混合型体育产业类型”理论的基本经营管理原理，该赛事的组织者除了考虑此次赛事的直接参与者如运动员、教练员、裁判员等相关人员的需要外，还要考虑此次赛事的间接参与者如观众等相关人员的需要。这就不可避免地涉及“混合经营”与“协同运作”这两个跨领域跨行业的技术操作问题。

主办一项重大的运动，要注意解决下列问题：

①体育用品行业中存在的一些问题，如体育项目必备物品、旅游纪念品等。

②从媒体、受众等角度分析我国体育服务性行业存在的问题。

③运动场所之间的关联等问题。

此外，还要着重做好下列工作：

①为会议提供所需的车辆（车辆）、住宿等。

②做好此次赛事视频制作、销售等各项工作。

因此，混合型体育产业类型理论所要求的成功的、圆满的体育活动，就是一种全面的、立体的体育产业经营模型，也就是三维的体育产业经营理论。特别是在专业的运动俱乐部的联盟运作，以及大型运动产品制造公司的市场运作中，体现得更为明显。所以，提出了混合型体育产业类型理论，它在加速体育产业自身理论建设进程的同时，不但推动了理论的诞生，还推动了体育产业经营理论的发展，并且对体育产业经营提出了更新、更高的需求，指出了体育产业经营的发展趋势。

2. 体育的双格调理论

本文对目前我国体育商业运营模式具有的“综合性”特点进行了较全面的归纳，并提出了“双重风格说”。尽管该理论对体育产业经营观的改变有重大意义，但从其理论的实质来看，应用于体育产业经营理论中的尚不能说是一种崭新的经营理论，其只是提出了对体育产业经营理论更进一步细分的一种观点。而在这一类型或类似类型理论的基础上所产生的经营形式或经营方法（也包含系统的经营理论），在体育产业的经营实践中都有很好的表现。

竞技运动双重样式说是指同一运动可能包含两个或者多个样式迥异的目标。这一理论的提出，从侧面证实了“混合竞技运动”的合理性和可行性。比如，运动旅游，同样是一次体育旅游，但是有两种类型的、目标完全不同的、需求完全不同的、目标完全不同的运动员、教练员、裁判员，以及目标完全不同的观众。不管是立足于体育产业本身发展过程的现实需要，还是立足于满足体育消费者对体育消费的需求，在目前的体育产业发展过程中，都具有独特的位置和积极的意义。

第二章　体育消费与市场

第一节　现代体育消费

一、现代体育消费内涵与特点

（一）体育消费

1. 消费的一般含义

消费作为一种普遍现象，广泛地渗透在人们生活的方方面面。

从经济学的观点来看，消费可以分为两个方面，一个是生产的消费，另一个是生活的消费。在这些因素中，生产消费包括两个层面：一是在生产活动中发生的原材料和燃料的损耗和生产工具的损耗；二是工人在物质生产活动中付出的精神、肉体上的消耗。生活消费，主要是指人们将生产出来的生活资料（物质消费品、精神消费品等）消费的过程。

一般意义上的开支，大多是指生活开支。因为个体的生活消费受到多种因素的制约，其表现形式各不相同。通常来说，人们的消费行为的产生，主要因为满足了三种需要，也就是满足了生存需要、发展需要和享受需要。

2. 体育消费的含义

狭义的体育消费主要是指人们在体育活动上的消费，它既包含直接参加体育活动（例如到健康中心锻炼）的消费，也包含间接参加体育活动（例如看体育比赛）的消费。广义的体育消费主要是指与体育活动有直接或间接联系的所有个体的消费行为。比如，为看运动赛事而付出的交通、住宿等消费。

（二）体育消费的地位

1. 体育消费在社会消费结构中的地位

在此基础上，本文提出了一种新的消费模式——生存性消费模式。

生存性消费属于最低级的消费，指的是满足生活需求的一种消费，它以物质消费为主，由于具有非紧迫性，所以处于一种相对较低的状态。

发展性消费是指以人的生活需求为前提而产生的一种高级消费。这是人类追求更高更好发展的一种消费需要。由于它能够满足人的更好的发展需要，因此它是一种被大众喜欢的类型。

在我国，享受性消费是一种极具吸引力的消费形式。在这个时期，体育消费是一种可以充实人的文化，它既是个体娱乐消费的一个重要组成部分，也是整个社会的一个主要消费群体。

2. 体育消费在居民生活消费中的地位

体育消费是一种促进和享受的消费，它是社会生产力发展到一定水平后的结果，是在人们满足了自己的基本生活需求之后产生的。在居民的日常生活中，体育消费起到了很大的作用，可以使人的精神和身体都得到很好的发展。另外，从某种意义上说，我国居民对体育的需求也是一个比较敏感的指标。在居民生活消费中，体育消费的重要性主要表现在它的不可缺少性上，它所具备的娱乐消遣、锻炼身体等作用，使其成为人们生活的一个关键组成部分，是必不可少的。

（三）体育消费的性质与特点

1. 社会主义体育消费是文明、健康、科学的消费

贯彻科学的社会主义人生观、价值观，不但可以让人在闲暇之余实现身体与精神的协调发展，还可以促进人的德、智、体等全面发展，从而在整个社会中树立文明健康的科学消费观念。

2. 体育消费增长与经济增长的互助性

体育消费与经济发展之间存在相互促进的关系：一方面，它可以使我国的体育产业得到更大发展，促进其自身发展，进而对我国的社会和经济

发展起到积极的支撑作用；另一方面，社会经济的增长可以为发展体育产业创造必需的经济条件，随着人们收入的增加，对体育产品的需求不断提高，这就对体育消费的增加起到了促进作用。

3. 体育消费具有文明的进步性

体育消费是体现一国的精神面貌的一种重要形式，是文化进步的一个标志。它具有“文化进步”的特征，具体体现为：第一，它既可以促进个体的物质生活，又可以促进个体的精神生活；第二，体育消费作为一种新的交流方式，促进了人与人之间的交流，丰富了人类的精神生活。第三，体育消费既可以满足人的身体和精神需要，又可以促进人的身体和心理素质的提升，从而促进人的科学和文明的进步。

二、现代体育消费水平与行为

（一）体育消费水平

1. 体育消费水平的含义

体育消费水平，是指按人口平均的体育实物消费材料的消费数量，可用价值单位也就是货币单位来表达。它是指在某一特定时期，人们对体育消费需求的实际满足程度。

2. 影响体育消费水平的因素

在经济发达国家，体育社会化的程度一般都比较高，人们的体育意识也很高，因此，他们的体育消费水平更高。与发达国家相比，发展中国家人民群众的体育素质和体育消费水平等较低，而我国居民的体育文化素质普遍偏低。

在一个特定的阶段，体育消费领域的开拓状态和发展程度不仅会受当时的社会经济发展限制，也必然会受社会文化背景、消费者的消费意识和消费手段影响。体育消费与社会生产力的发展紧密相关，与社会经济发展状况、体育社会化程度等都有密切的联系。

（1）社会经济发展状况

体育消费是一种发展性消费，也是一种享受性消费。它是一种中等偏上的消费，只有在人们收入能够满足生活需要且有盈余的前提下，它才能在某种程度上获得发展。因此，只有当一个国家的经济发展到一定程度，当人们的可支配收入有所提高时，体育消费水平才能得到有效提高。

（2）体育社会化程度

体育社会化程度高，体育意识高，参加体育活动的人数就多，体育消费总体上就高。目前，我国居民对体育的认识还有待进一步提高。近几年，伴随“体育强国”的发展和人民群众体育运动的日渐兴起，我国的体育运动人数日益增加，体育运动的社会化程度不断提高，人民群众的体育运动素质得以增强。随着经济的快速发展，体育运动的社会化，国家的体育消费水平将迎来一个新的跨越。

3. 体育消费水平的衡量指标

体育消费水平的量化指标包括体育消费价值总量、体育实物消费资料的消费总量、体育服务消费资料的消费总量、闲暇时间用于体育消费的时间总量以及其他指标，下面将对这些指标展开详细分析。

（1）体育消费价值总量

运动消费总额是指运动消费者在一段时间里运动消费支出的总金额。体育消费总值是一个综合指标，它反映了在一个特定的时间段内，全社会的体育消费水平。

（2）体育实物消费资料的消费总量

体育物质消费资料的总消费，是指在一段时间里，由体育消费者消费的物质消费材料的总和。

体育实物消费资料的消费总额可以用体育实物消费资料的产品数量表示，也可以用价值（货币）单位表示。由于体育实物消费资料的种类繁多，而且每一个消费类型的物理性能、形态、价值量大小等不尽相同，要准确地对体育实物消费资料的消费总量进行计算是非常困难的，因此一般用价值（货币）单位来表达体育实物消费资料的消费总量。

从总体上看，在很大程度上可以看出，在一段时间里，人们对体育活动中的物质消费材料的实际需求状况。另外，体育实物消费资料的消费总额，也可以在某种意义上，体现出一个特定的阶段，对体育有关产业的生产现状和有效供给。

（3）体育服务消费资料的消费总量

“消费总量”是指在一段时间里，由体育消费者所消费的、用于体育服务的物质的总和。体育服务消费资料以商品为主，在社会主义市场经济中，出现了更多以商品形式表现的体育服务消费资料，所以也可以用价值（货币）单位来表示体育服务消费资料的消费总额。

在我国，以居民的身体健康状况和社会经济发展状况为研究对象，研究了我国居民身体健康状况和社会经济发展状况的关系。第一，可以从总体上体现出我国体育消费资源的供求关系；第二，可以从总体上说明我国体育产业的产出情况；第三，可以从总体上看出全民健身运动的流行度。

（4）闲暇时间用于体育消费的时间总量

闲暇时间，也叫业余时间、自由时间，是指人们除了从事正常工作、满足基本生理需求的活动、必要的家务劳动、教育后代等，可以用来进行学习、交际、娱乐、体育等自由活动的时间。闲暇时间的数量是由其所在地区的社会生产力发展程度决定的，一般来说，随着科技的发展和社会生产力的提高，闲暇时间会有所增加。

休闲是人们开展各类休闲消费活动的必要条件，而休闲又是形成体育消费的必要条件。因此，我们可以把闲暇时间投入运动消费中的总时长作为定量的指标，来评估和测度人们的运动消费水平。

（5）其他指标

除了以上衡量指标外，年龄（老、中、青、少、幼）、职业（工人、农民、解放军、干部、教师等）、文化程度（大学、中专、高中、初中、小学等）、地区环境、家庭收入情况等都可以成为衡量体育消费水平的指标。

（二）体育消费行为

运动消费的先决条件是运动消费者对运动的作用有某种认知和了解。在此基础上，我们可以将其界定为：体育消费行为是指为了实现自己的愿望与需要而对其进行选择、购买与评价的心理与物理活动。

体育消费行为是社会发展到一定阶段的产物，它的产生和发展既要以人们的物质生活获得满意结果作为必要条件，又要让体育在一定程度上实现社会化和普及化。在经济学界，许多学者都对消费行为做了较为深刻的探讨，并从不同的角度建立了属于自己的理论，其中较为有名的是霍华德－谢思（Howard-Sheet）的消费行为模型，以及恩格尔等人的EKB模型，下面将借用这两个模型来详细剖析体育消费行为。

1. 霍华德－谢思的消费行为模型

霍华德－谢思的消费行为模型是由学者霍华德首先提出的，并于1963年被人们接受。1969年，经过霍华德与谢思两位学者的修改，霍华德－谢思的消费行为模型才真正建立起来。本文主要从霍华德－谢思的消费行为模型的四个基本要素出发，来剖析运动中的消费行为。

（1）刺激或投入因素

刺激或投入因素，也就是输入变量，是由销售部门控制的因素，主要包括产品实质刺激因素、产品符号刺激因素、社会刺激因素三种。在运动产品的本质激励方面，运动产品的本质激励是运动产品的品质、价格和特性等；商品象征性激励，是指运动商品具有的特性，经由销售人员、广告及媒体等方式呈现并传达给顾客；社会激励因子是指家庭、相关群体和社会阶层等因素会对居民的体育消费行为产生影响。

（2）外部因素

外部因素又称为外部变数，主要包括文化、人格、经济实力等在内的外部因素。在体育消费过程中，体育相关群体、体育消费者所在的社会阶层、体育消费者面对的时间压力、体育产品本身的选择性、文化与亚文化等都会对消费者的行为产生影响。

（3）内部因素

内部因素，也就是内部的进程，是在激励或输入的因素与响应或输出因素之间产生影响的因素。在运动消费过程中，运动消费者的需要动机及对运动产品的信息响应敏感性将会对运动产品中的激励或输入因子产生较大的作用，运动消费者的购买意愿及“学习”效果也将会对运动产品的信息响应敏感性产生不同的作用。对感兴趣的运动商品，运动消费者往往呈现“认知觉醒”，对不感兴趣或不相关的运动商品，则呈现“认知防卫”；对运动消费者的偏爱与选择，将受到“决策仲裁法”的约束，也就是运动消费者会依据自身的动机强度、需求紧迫性、期望欲望满足度、对运动商品的感受对各类运动商品进行排序，从而有针对性地做出购买决定。

（4）反应或产出因素

反应或产出因素也就是结果变量，它是指由购买决策过程引起的购买行为，主要包含三个阶段：认识反应阶段、情感反应阶段和行为反应阶段。在运动消费中，认知反应是指运动消费者对运动商品的关注与认知；情绪反应是运动消费者对于自己追求运动的满足程度的评估；行为反应则是对运动消费的认知水平，即运动消费者对运动消费的认知水平，以及对运动消费的开放程度。

2. 恩格尔等的 EKB 模型

EKB 模型侧重于从购物决策流程来剖析消费者的消费行为，基于此模型的有关概念，也可以从购物流程来剖析消费者对运动的消费行为。

体育消费者的购买决策过程是体育消费者态度形成的过程，包括认识需求、收集信息、方案评估、购买决策、购后行为五个阶段。认识需求是人们对运动的认识，它是运动消费的内部机理；收集信息是指能够促进体育消费者产生消费行为的体育消费信息的传递、传播和收集，体育消费者能够收集的体育消费信息主要来源于体育消费者的个体资源和外部的营销资源、实验资源；方案评估，也就是选择判断，是指体育消费者在获得一定的体育消费信息之后，对体育消费对象的质量、价格、属性等进行的比较和评价；购买决策是一种对运动产品进行消费的活动；购后行为是指运动消费者在做出购买决定后的感受以及再购物的态度和行为。

第二节 现代体育市场

一、现代体育市场概述

（一）现代体育市场的概念、作用及特点

1. 现代体育市场的概念

狭义的现代体育市场是指像体育馆、健身俱乐部等这样的交易特定消费品的地方，在这些地方，消费者可以通过付出一些代价，来直接购买体育物质产品和体育服务产品。广义的现代体育市场是指一个由整个社会的体育服务商品的交换活动及其交换关系构成的整体。一般意义上的体育运动市场，在很大程度上是指现代体育运动市场。

2. 现代体育市场的作用

现代体育市场主要有四个作用：体育产品的交换作用、体育资源的配置作用、体育信息的反馈作用和体育经济的调节作用。

（1）体育产品的交换作用

现代运动市场作为联系运动商品供需双方的纽带，在运动商品交易中发挥着举足轻重的作用。在运动市场中，供给主体向社会出售其所生产的运动物资、运动服务，而需求主体则向社会提供运动需要。它能使供需双方都能得到充分的满足，又对当代竞技运动起到强大的促进作用。

（2）体育资源的配置作用

资源优化，就是合理地调配与之相关联的各种资源，以最大限度地利用现有的各种资源。在现代社会中，合理分配资源，可以使各类运动资源得到最大限度的利用，从而提高运动的质量和数量。充分利用体育市场的功能，不但可以使我国的体育资源得到最大限度的利用，还可以使我国的体育事业得到更好的发展。

（3）体育信息的反馈作用

在社会主义市场经济体制下，我国体育商品供给与需求的矛盾，在很大程度上体现在市场的变动上。利用信息传递和反馈的作用，体育市场能够反映运动商品的供需关系，使运动商品的供应方能够优化运动商品，从而使运动商品的采购方能够对运动商品进行针对性采购。

（4）体育经济的调节作用

体育产业的发展对我国的发展起着举足轻重的作用。当供给与需求发生冲突的时候，就会出现价格波动、竞争加剧等不利因素，这就要求充分利用市场机制和价格机制来调整生产与消费的关系，使体育商品的供给与需求达到平衡。

3. 现代体育市场的特点

现代体育市场主要有三个特点：全球性、季节性和波动性。

（1）全球性

在经济全球化的浪潮中，当代体育运动逐渐走向全球化。同时，随着生产力的提高和经济的发展，体育运动的范围也从一国扩大到多国，体育运动的市场逐渐具有全球化特征。随着我国体育市场的不断扩大，我国的体育事业得到了迅猛发展。

（2）季节性

运动市场的季节性特征是由季节变化决定的。例如，在冬天，滑雪、溜冰等运动是最受欢迎的，而与此相关的运动产品的需求量也是最大的；在夏天，由于游泳、跳水等水上运动项目火热，使得水上运动项目的供给和需求都很大。这就要求我国的运动商品供给主体要适应运动消费需求的季节变动，适当地调整生产和管理结构，以实现运动消费的均衡。

（3）波动性

由于消费者的多元化和其他多元化的原因，运动市场波动很大。就某一特定运动项目而言，其中某一要素的变动有可能导致该项目发生变动。

（二）现代体育市场结构

1. 完全竞争的体育市场

完全竞争的体育市场，是一种以运动为主体的运动市场。要想形成一个完全竞争的市场，必须满足四个要求：第一，竞技运动的参与主体和生产主体之间相互竞争，而他们所交易的竞技运动商品只占很小一部分；第二，运动产业的生产者和生产者制造出一模一样的运动商品；第三，各种生产因素在运动市场上的流通是自由的；第四，运动项目的参加者及运动项目的组织者都可以得到充分的市场资讯。

在充分竞争的情况下，运动员的运动商品定价已确定，因此运动员的平均利润与其边际利润永远相同。

2. 垄断竞争的体育市场

所谓“垄断竞争”，就是在这种情况下，同时存在“垄断”和“竞争”两种情况，它是介于“完全垄断”和“完全竞争”之间的一种市场。

在具有垄断性的竞技运动中，存在竞争性与垄断性两大特征。这种竞争从三个角度来看，第一，虽然有很多相同类型的商品，但是这些商品在整个商品交易中所占比重很小，因此，个人经营者很难控制整个商品交易；第二，对运动市场的进入具有一定的便利；第三，体育商品的生产和经营在质量和包装等方面存在较大差别。垄断也体现在三个层面：一是各国或区域内的体育资源差别，使得各国或区域内的体育产品各有特点；二是在国家和政府政策的作用下，一些区域可能会对一些运动项目实施垄断；三是由于各种非经济原因，运动参加者对运动商品的选择没有充分的自由，这在某种意义上造成了运动商品的垄断。

在体育产业的垄断性竞争环境中，因其自身的差异性，使得运动产业的生产厂家不再是简单地接受定价，而是可以对其进行干预。例如，运动企业在某种程度上减少或增加某种运动商品的产量，这种情况下，因为顾客对于该运动商品的喜好比较固定，运动企业会相应地上调或下调商品售价。

3. 寡头垄断的体育市场

寡头是指由极少数的运动生产者和经营者支配运动商品的大部分供应。由于运动商品的生产企业在运动商品产业中所占的比重较大，运动商品的产量和价格的变化必然会对运动商品的整体市场产生较大影响。

在多个运动商品制造商的竞争环境中，运动商品制造商生产的商品基本相同，当一个制造商独自降价时，其他制造商没有相应的回应，将会对该商品的销量造成很大冲击；但如果其他厂商也这么做，那就是双方都输了。因此，这种情况下，各大企业之间往往会相互依赖，“抱团取暖”，寻求统一定价，从而达到利益最大化。

4. 完全垄断的体育市场

所谓完全垄断，就是指只有一个企业能够支配商品的供应。它的市场由三部分组成：一是运动产业的生产和经营活动不能被替代；二是运动商品的产量和价格被运动商品的生产者掌握；三是运动产业的竞争具有一定的障碍，不允许其他运营商参与。

（1）完全垄断的体育市场的形成原因

体育产业的垄断是由竞争导致的垄断，由体育资源垄断导致的垄断，由生产技术专利导致的垄断，由政府政策导致的垄断。

①竞争导致独裁。在生产运营中，具有较大规模、较高技术和较多资金的企业，通常会利用降低生产成本、降低产品价格和提高产品质量来占领市场的中心位置，从而战胜竞争者。大型企业在运动项目中提供的运动项目，基本可以满足市场需要。

②体育产业的垄断性发展。企业一旦掌握了某些比较特定的运动项目，就掌握了与之对应的运动项目的基础资源供应。在这种条件下，即便其他企业具备了制造相关运动项目的实力，由于缺乏相关的生产因素，也常常被排除在外。

③制造技术的专利权导致一系列的垄断行为。如果一家公司获得了一项运动项目的专利，其他公司由于受到专利期间的限制而不能继续制造该运动项目，则该公司在专利期间形成了独占优势。

④国家的政策导致一家公司的垄断。在国家政策的推动下，一些厂家对特定的运动项目享有特殊的制造和管理权限，从而实现了对该运动项目的专营，并由此形成了独占的局面。

（2）完全垄断的体育市场的收益

在一个完全垄断的体育市场中，一家企业就是一个企业，因此，垄断企业可以通过对该企业商品在市场上的供求情况来确定其价格。在这种条件下，当一个企业的市场需求曲线反映了一个企业对运动商品的需求与其价格呈反比例关系。另外，由于在一个垄断性市场中，市场的需求曲线即为平均收入的一条线，因此，在一个垄断性企业中，其利润和需求都是一致的。然而，在一个完整的垄断市场中，由于垄断企业的平均利润和边际利润都会随商品销售量的提高而降低，并且这种降低的程度会更加明显，因此，垄断企业的平均利润并不等同于边际利润，其边际利润总是比平均利润低。

（三）现代体育市场机制

1. 体育市场机制的概念

体育市场机制是体育市场运作的一种实现机制，它包含体育供需机制、体育产品价格机制、体育竞争机制以及体育风险机制四部分。

（1）体育供需机制

体育供需机制是指在体育供需两个领域中，由于相互竞争而产生的一种内部关系和功能，其功能主要包括三个部分：第一，它可以反映体育经济运行中的内部矛盾以及在市场中供需双方的变动情况，从而对市场中供需的均衡调整提出指导意见。第二，最大限度地分配社会和经济资源。第三，为政府对体育经济进行宏观管理，促进体育产业健康发展，构建了一个有利于体育经济发展的制度体系。

（2）体育产品价格机制

作为运动商品交易的中介，运动商品的价格也是测量运动商品消耗的劳动力的杠杆。对运动主体来说，运动商品的定价是一种有效的调控手段，可以有效地调控运动主体之间的市场竞争；对于运动产业的生产者和管理者来说，运动产业的定价是一个很好的信息，它可以有效地调控运动产业的产量和结构；对于国家来说，通过建立健全的市场定价体系，可以为国家的经济发展和社会发展提供重要的决策依据。

（3）体育竞争机制

体育竞争机制是一种非常重要的机制，它是指在运动过程中，运动商品的生产者和管理者为获得最大收益而对运动资源进行竞争，进而对与运动有关的商品的供需关系以及运动资源的分配产生影响。体育竞赛是体育产业市场化的一个主要内容，它与体育供需机制和体育产品价格机制是相互依赖和互动的。

（4）体育风险机制

体育风险机制是体育市场机制中的一个基本因素，它会对体育商品生产经营者产生一种无形的强制力量，会促进他们不断地改进生产技术，提高商品质量，完善经营管理结构等，以此来提升自己的市场竞争力，获得更大的经济效益和社会效益。

2. 体育市场机制的特征

体育市场机制的特征主要包括四个方面的内容：体育市场机制的客观性、体育市场机制的关联性、体育市场机制的滞后性以及体育市场机制的局限性。

（1）体育市场机制的客观性

体育市场化运作的客观性，体现为其运作的客观环境。只有在一定的前提下，才能充分发挥竞技运动的市场作用；当这些条件不满足时，就不可能有效地实现体育的市场化。例如，要充分利用体育商品的价格，使其在一定程度上保持相对稳定的状态。

（2）体育市场机制的关联性

体育市场化的内在联系在于：它的作用与所处的外部环境相联系；然而，我国竞技运动的市场化机制能否有效发挥作用，又与竞技运动本身所具有的诸多内部要素有千丝万缕的关系。例如，在体育市场中，供需关系的改变会导致商品的价格出现波动，而价格的改变会对公司利润产生影响，从而使市场竞争更加激烈，进而对商品的供应产生影响。由于其内在的关联性，需要对多种运动机制进行整合，才能充分发挥其综合作用。

（3）体育市场机制的滞后性

我国体育市场机制的滞后性，是指在我国体育市场化进程中体现的供需状况往往落后于现实状况，相应的对策也存在较大的滞后性。为此，我国竞技运动的市场化运作若想真正起作用，必须注意两项内容：一是要建立健全竞技运动的市场制度；二是加强对市场讯号体系的完善。

（4）体育市场机制的局限性

我国目前的竞技运动市场化存在诸多缺陷，其一，竞技运动市场化具有自发、盲目的特点，在竞技运动中会造成某种程度的浪费与破坏；其二，过度依靠竞技运动市场化将导致竞技运动混乱，这将严重制约竞技运动的健康发展。

二、现代体育消费市场

（一）现代体育消费概述

笔者分别从体育消费的概念和意义、体育消费的分类、体育消费的特点以及影响体育消费市场形成的因素四个角度出发，对现代体育消费进行概述。

1. 体育消费的概念和意义

（1）体育消费的概念

体育消费主要指的是在日常生活中，人们对体育的消费，它不仅包含对物质体育产品（比如运动器材等）的消费，还包含对非物质体育服务产品（比如观看体育表演、比赛等）的消费。体育消费可以分为三个层次：第一，有消费实力的人群；第二，它是一种行动上的依存关系，即作为独立的人对于一个对象的物质的依存关系；第三，它是有目标的消费行为。

（2）体育消费的意义

体育消费具有推动社会经济发展、实现体育产品价值、丰富人民生活三大价值。

①为社会的发展做出贡献。第一，体育消费是我国居民身体和心理素质的一个主要方面，它对我国居民的生活水平影响是十分显著的。第二，在某种意义上，体育运动消费可以保障体育运动商品的正常生产，既可以带动体育运动本身的发展，又可以对整个社会的经济发展起到积极作用。第三，发展体育消费可以促进与之相关的产业的发展，从而在某种程度上推动社会和经济的发展。

②运动商品的价值的体现。运动商品的价值在运动消费中得以体现，没有了运动消费，就没有了运动商品的消费，运动商品的经济行为就很难体现，运动商品的价值也就无法实现。

③使人民群众的生活更加充实。随着我国经济的不断发展与社会的日益进步，我国居民的消费观念在不断改变，我国居民对体育的需求也在不断增加。在体育消费中，人们既可以观看比较专门的体育比赛和表演，也可以进行直接的身体接触。通过各种形式的体育运动，人民群众的精神和身体素质得到了极大提高，生活品质也得到了极大提升。

2. 体育消费的分类

笔者主要从体育消费主体、体育消费层次、体育消费的外在表现形式以及体育消费品的不同功能四个角度对体育消费进行分类。

（1）按体育消费主体分类

根据人们对运动的需求，可以把人们的运动行为划分为两种类型：个体运动行为和家庭运动行为。其中，“个人”的体育消费，是以“个人”为主体，以“自我发展”为目的而进行的，它包含“运动物资”和“运动服务”两大类；居民在日常生活中进行的体育活动，可以分为两种类型：一种是物质性的，另一种是精神性的。

（2）按体育消费层次分类

从消费层面上看，我国的体育消费可以划分为三种类型：生存型、享乐型和发展型。应指出，三种类型的运动消费并无明显区分，而是在人们进行运动时相互关联。从总体上讲，既要保证人们的生活需求，又要保证人们的享乐需求和发展需求；在满足消费者的享受需求和发展需求的同时，也要充分考虑他们的生活需求。

（3）按体育消费的外在表现形式分类

根据其外部形态，可以把体育消费划分为两种类型：一种是对物质的消费，另一种是对运动服务的消费。在这些商品消费中，体育实物消费包括体育器材和运动服装等。体育服务业的消费，是一种以观看体育赛事和表演为代表的非物质形式的体育服务业的消费。

（4）按体育消费品的不同功能分类

体育消费按照功能可以划分为三种类型：观赏性体育消费、实物性体育消费和参与性体育消费。其中，观赏性体育消费是为了满足顾客对体育赛事、体育表演等的视觉需要；实物性体育消费主要是指消费者在有形消费品上的消费，比如购买运动服装、运动器材；参与性体育消费主要是指消费者对体育服务消费资料的消费，比如参加体育训练等。

3. 体育消费的特点

（1）体育消费的综合性

体育消费的综合性主要由两部分组成：首先，从体育消费活动的对象来观察，体育消费活动是一种将体育实物消费和体育服务消费相结合的消费活动，消费者要想满足自己的体育需要，一定要依靠某种体育商品或体育服务商品。其次，根据运动消费的组成，运动消费包含运动所需的运动物质和运动所需的间接因素，如衣、食、住、行。因此，在我国，体育消费是一项全面的消费行为。

（2）体育消费的变动性

我国居民的体育消费水平比较高，造成体育消费波动比较大的原因有两点：一是由于个体的性别、年龄和兴趣爱好等方面存在差异，消费者在运动商品的种类和质量等方面的要求存在差异。二是在一定程度上，如社会经济的发展水平、消费者的可支配收入和习俗等，都会极大地影响人们的体育消费。所以，我国居民的运动消费波动很大。

（3）体育消费的互补性

体育消费作为一种综合性消费行为，它的实现离不开对其他商品的消费。例如，参加运动的人，除了要购买排球外，还要购买护具、绷带等附属物品，有时候还要租用球场等。这就需要有关部门和企业加强沟通，密切合作，以获得良好的经济效益。

4. 影响体育消费市场形成的因素

体育消费市场的形成与消费者的购买力、消费需要有紧密的联系，在消费者拥有充足的购买力并且对运动商品有足够的需要时，它才真正开始。笔者认为，我国体育消费市场的形成受五大要素影响：第一，我国的社会经济发展程度；第二，居民可自由支配的经济状况，它对我国体育消费市场的形成起到重要作用；第三是休闲，它对运动消费的产生起决定性作用；第四，消费者的消费理念，它对我国体育消费市场的形成起决定性作用；第五，体育基础设施建设和体育服务水平，它是体育消费市场的重要组成部分之一。

（二）现代体育消费方式

1. 体育消费方式的概念

体育消费方式是指在体育运动过程中，人们对体育运动中的物质类商品和运动类商品进行消费的方式和形式。体育消费方式是人们生活方式总体系统中的一个重要组成部分，主要包括体育消费意识、体育消费能力、体育消费结构和体育消费习惯四个相关方面。

（1）体育消费意识

体育参与者在进行体育消费的过程中，体育消费意识是一个很关键的因素。通常情况下，体育消费观可以为体育参与者的体育活动和体育消费提供与之对应的消费方式，而体育消费心理则会对体育参与者的体育消费动机和体育消费行为的产生造成直接影响。

（2）体育消费能力

体育消费能力，主要是指在进行体育活动的过程中，体育参加者对体育实物型商品和体育服务商品的购买力，它包括两个方面，一个是体育自然消费能力，另一个是体育社会消费能力。体育的自然消费能力是指，运动的参加者在运动过程中为满足身体需要而对运动的衣、食、住、行的消费能力。体育的社会消费能力指的是体育参与者为满足精神需要而对体育商品具有的消费能力，其中最重要的就是对观看体育比赛、体育表演等的消费能力。

（3）体育消费结构

体育消费结构，指的是体育参加者对各类型体育商品的消费的比例关系，这既能体现出人们对各种类型的体育商品的消费比重，也能体现出体育消费的程度和品质。从总体上讲，我国居民体育消费的构成有三大要素：一是生活消费、享乐消费和发展消费之间的比重；二是个人消费和家庭消费之间的比率；三是运动商品、运动商品在体育消耗中所占的比重。

（4）体育消费习惯

体育消费习惯一般是在某种情况下产生的且常常发生的运动消费行为。由于各种原因，各国、各地区和各民族在体育消费行为上存在较大差异。例如，在北方地区，冬季滑雪、溜冰等体育运动的消费比例是最大的，而在南部地区，夏天的游泳运动所占消费比例是最大的。其中，蒙古族以骑术为主，而傣族以赛艇为主。

2.影响体育消费方式的因素

影响体育消费方式的因素主要有四个，分别是人们的收入水平、体育参与者的构成、体育商品的质量以及体育商品的价格。

（1）人们的收入水平

以收入为基础进行运动消费，在达到某种程度后，人们对运动的附加支出才会增加。一般而言，一个人的经济状况越好，他就越愿意把运动的需要转变成运动的消费。因此，人们的收入水平不但会对体育消费水平产生影响，还会对体育需求的满足程度产生影响，从而对体育消费方式产生影响。

（2）体育参与者的构成

不同性别、不同年龄和不同职业的运动员在运动消费模式上存在明显差异。例如，老年人的消费水平低，青年人的消费水平高，而女性的健身消费水平高。

（3）体育商品的质量

运动商品的质量对运动消费有很大影响，因此，在运动消费过程中，人们一般都会选择高质量和高使用价值的运动商品。这就要求运动商品的生产者必须重视运动商品的品质。运动商品的品质，从总体上讲，包含两个方面：一是要满足“高品质、低价格”的需求；二是要做到优质、量大、主动、体贴。

（4）体育商品的价格

我国居民对运动商品的购买行为存在较大差异。例如，在运动商品涨价的情况下，消费者将从购买运动商品转为购买其他商品。反之，当运动商品售价大幅下降时，消费者对于运动商品的购买行为将会增加。

3. 体育消费方式的合理化

体育消费方式的合理化，简言之，就是人们对体育消费模式的理性化，是指人们对体育的需求由不理性形态逐渐转变为理性化形态。从总体上看，要达到合理的运动消费模式，需要符合下列条件。

（1）体育消费水平逐步上升

体育消费已经成为人类生活中不可缺少的一部分，体育消费水平的不断提升，既可以给消费者带来更加舒适、健康和新颖的消费氛围，又可以帮助人们提升自己的文化素质。在一个内容丰富、形式多样的体育消费环境下，居民的消费行为将趋于理性化。

（2）体育消费结构不断完善

体育消费结构的优化，能使人们的生活质量得到提高。体育消费在内容与形式上应符合两个基本条件：一要符合消费者的精神需要；二要符合消费者的心理愉悦和人格修养等心理需要。

（3）体育消费的设施环境良性发展

优良的运动场所和场地是促进运动消费的必要条件。追求健康、娱乐享受和需要个性发展是消费者参加体育活动最主要的目标，因此，理性的体育消费一定要以设施环境良好发展为前提。除此之外，合理的体育消费方式还应当利用体育活动来充实人们的体育生活，提高人们对体育设施的保护意识，进而推动体育消费的设施环境朝更良性的方向发展。

（三）现代体育消费效果

1. 体育消费效果的概念

体育消费效果主要是指体育参与者在体育活动过程中对体育消费的投入与产出之间的比例关系。按照不同的分类标准，体育消费效果可分为不同的类别。

（1）按体育消费的研究对象分类

根据影响运动消费的客体，运动消费效应可以划分为两种类型：一种是宏观的运动效应；另一种是微观的运动效应。在体育消费的宏观效应中，从社会的视角来看，对体育商品的价值和使用价值进行了研究；对运动商品的顾客满意度进行了研究；从理论上对我国居民的体育消费行为进行了实证研究。而微观的运动消费效应则是指以个人为中心，对运动消费所产生的物质与心理满足感进行考察。

（2）按体育消费的关联程度分类

根据与体育消费相关的关系，体育消费可以划分为两种类型：一种是直接的，另一种是间接的。在这些内容中，直接的体育消费效果，主要指的是消费者在购买了一定的体育商品或体育服务之后，可以直接得到的某种体育消费效果。比如，消费者花费金钱参加体育健身训练，就会得到与之相对应的健身指导和服务等。间接的体育消费效应，主要是指消费者在购买了特定的体育商品或者体育服务之后，可以间接地得到的特定的体育消费效应。比如，消费者可以在观看一场体育比赛或者体育表演之后得到心理上的愉悦。

2. 体育消费效果的衡量

一般情况下，我们可以通过分析消费者的体育消费支出来衡量体育消费效果。消费者的体育消费支出指标主要包括体育消费总额、人均体育消费额、体育消费率、体育消费构成。

（1）体育消费总额

体育消费总额是指在某一时间段里，人们参加体育运动所花费的金钱总量。总的体育消费是指通过其价值形式体现出消费者对运动商品的总体消费。因为体育产业是一个涉及很多行业和企业的综合性行业，所以一般会通过取样调查和传统的统计方式来推算体育消费总额。

（2）人均体育消费额

人均体育消费额，即在一段时间里，每位消费者在参加体育运动上花费的金钱。研究结果表明，我国居民在不同时期和不同区域内的体育总体消费状况是不同的，因此，我国居民在我国体育产业中所占的比重也是不同的。目前，我国居民消费水平的测算主要是通过抽样方式进行的。

（3）体育消费率

体育消费率，就是在某一段时间里，消费者的体育消费与总消费的比率。体育消费率是从价值的角度来反映在一段时间里，消费者参加体育消费的密度和水平。

（4）体育消费构成

体育消费构成，主要是指在特定的时间里，消费者在进行体育活动的时候，在衣、食、住、行等方面的消费。对体育消费构成展开研究，一方面可以更好地体现消费者的消费情况和特征，另一方面可以为体育资源的合理配置、体育商品的最优组合等提供科学的基础。

三、现代体育劳动市场

（一）体育劳动市场的一般理论

1. 体育劳动的供给

我国竞技运动的商品价格受供求关系的影响较大。选手们想要最大化自己的实力，职业战队也想要最大化自己的实力，这需要各自拥有一定的实力。二者的互动关系是影响我国竞技运动人才市场发育状况的重要因素。

在一个商品的交易中，消费者的需要是从消费者那里获得的，制造商的需要也是从消费者那里获得的。然而，在我国的竞技活动中，却存在以球队为主体的竞技活动，以运动员为主体的竞技活动。具体而言，运动员提供的是体育工作，体育业主提供的是体育场地，教练员提供的是体育人才。

2. 体育劳动的需求

（1）体育劳动需求的特殊性

与其他商品相比，体育劳动力的需要具有两个独特的特点。

①需要体力劳动是需要的衍生。而衍生的需要则是由于顾客对于商品的需要而产生的一种需要。

②学生对运动劳动力的需要具有共同需要性。集体需要是在运动商品的制造中，对运动商品的各种生产因素的共同要求。例如，运动装备的制造，既要有人力资源，又要有资金资源等。

（2）影响运动队对体育劳动需求的因素

我国高校体育队伍对体育服务的需要受三个方面的影响：一是市场对体育服务的需要和价格。在一项运动中，如果有大量的商品被市场需要，那么这种商品的售价就会提高，为了获得更大的收益，球队就会加大其产量。二是竞技状态。竞技技术含量较高，球队需要大量的体力劳动；运动员的技术素质较差，队伍对体力活的要求较低。三是对运动劳务价值的考察。由于运动劳务的成本较高，球队对这些劳务的需求量会减少；由于运动劳务的成本较低，球队对这些劳务的需求量将会增加。

3. 体育劳动的工资决定

（1）完全竞争条件下体育劳动的工资决定

薪金是指在运用劳工时需付出的代价。在充分的竞争性条件下，其需求曲线为一条与薪资水平成反比的曲线，其需求值随薪资水平的下降而逐渐增加。

在竞技运动劳动力市场上，竞技运动的薪酬水平取决于竞技运动的供求关系。通过对体育劳动供需曲线的组合，可以得到体育劳动市场的平衡点，从而确定平衡的劳动价格和平衡的劳动数量。

（2）买方垄断条件下体育劳动的工资决定

在“买断型”的体育产业中，生产企业的数目很小，但从业人员的数目很大。在买者独占的情况下，运动员的薪酬水平与运动员所雇用的运动员数量密切相关。

当买家垄断了体育劳动力市场且只有一个老板时，这家供应商就代表了整个产业，其体现的劳动力供给曲线也就是这个产业的劳动力供给曲线。这时，劳动力供给曲线为一条从左到右向上倾斜的曲线，这说明该企业要获得更多的体育劳动，必须给体育劳动者更高的工资。

（3）卖方垄断条件下体育劳动的工资决定

在竞技劳动力市场上，对市场运行产生作用的不只是买家，还有卖家。体育工作者以运动员联盟为媒介，与球队进行谈判，最终形成了一个以卖家为主导、被买断的竞技市场。

在体育产业被买断的情况下，运动员联盟往往采取两种方式来提高工人的薪酬：一是减少供应，二是扩大需求。

①对体力劳动者的供给进行限定。为了增加工人的收入，运动员联盟一般采取两种方式，一是聘用未登记的球队成员，二是设置运动员技术等级制度。

②需要更多的体力劳动者。当劳动力供应保持一定时，运动员联盟通常会采取扩大外销的方式来增加劳动力供应，这样既可以促进社会对劳动力的需求，又可以提高劳动者的薪酬。

（二）体育工作者的劳动报酬

1. 教练员的劳动特点

教练工作的特征表现在三个方面：第一，教练工作属于复合型智力劳动；第二，运动员付出的努力产生的效果是否明显；第三，体能训练任务重，工作压力大。

①教练工作属于智力工作，是复合型劳动。教练工作是一项复杂的智力工作，它具有两个特点：一是工作客体复杂；二是劳动流程复杂。教练工作的主体是以运动员为主，由于受遗传基因、个性心理特点等因素的影响，每个人都有自己独特的特点，因此，教练在培训时必须因材施教。具体地说，教练不仅在专门的运动理论和技术的培训上，要根据不同的情况给予不同的指导，还要根据不同的情况进行不同的培训，这样可以使运动

员的运动技术得到持续提升。

②训练人员付出的努力产生的效果是否明显。教练工作的目标是为国家培养专门的体育人才，取得优异的竞技成果，而竞技人才的培养与优异成果的取得是一个长期、持续、循环的过程。通常，一个优秀的运动员要经过几个阶段的培养，所以，教练付出的努力往往会产生长期效果。

③教练工作任务重，工作压力大。运动员在比赛（特别是国际比赛）中的表现，既是教练自身素质与能力的体现，更关系到国家与民族的荣耀。这就意味着，教练的工作更加繁重，承受的压力也更大。

2. 运动员的劳动特点

我国体育工作者的工作特征有三个：第一，随着科学技术的发展，体育工作者的工作强度逐渐增大；第二，虽然有很长的锻炼周期，但是“运动寿命”却很短；第三，体育工作者的工作效率很难定量。

①随着科学技术的进步，体育工作者的工作强度逐渐增加。运动员的工作属于“体脑”相融合的复合型工作，既有高强度的智力工作，也有高强度的身体工作。体育锻炼的发展历程表明，科技的进步程度与体育锻炼的强度有很大关系，随着科技的进步，体育锻炼的强度日益提高。在生产力和技术相对落后的时代，对高难度动作的要求较低，对身体的负荷要求也较小；但是，随着科学技术的发展，体育技术水平得到了显著提升，在推动器材、设备、管理手段等现代化的同时，也在无形之中加大了运动员的劳动强度。

②在“运动寿命”上，锻炼周期更长。在正式开始专业培训前，都要进行有关技术的培训，但一般都是从孩童时期开始。这些孩子小的 3~4 岁，大的 6~7 岁，要达到一定的效果需 10 年以上，所以他们的训练周期相对较长。

对于一名运动员来说，他的“运动寿命”和训练周期相比，实在是太短暂。“运动寿命”在很大程度上是一个运动员能够维持最好状态的时间。在中国，运动员的运动寿命最少为 3 年，最多为 16 年，大部分运动员都会在 25 岁以后选择退役，这其中有三个因素：一是他们想要尽快退休，二是为了自己的家庭和工作，三是因为受伤和伤病。

③体育工作者的工作效率很难定量。在我国，体育产业的发展对我国的发展起着举足轻重的作用。在社会主义市场经济体制下，体育服务商品可以很好地满足人民群众对运动的需要，也可以体现其存在的价值。例如，若以竞技比赛中获得的排名作为衡量有效劳工的尺度，那没有获得好排名的陪练选手的劳工是否也属于劳工？如果要算人工的话，那他的实际人工又该怎么算呢？

四、现代体育商品市场

（一）体育产品的概念与内容

1. 体育产品的概念

作为组成体育产业最基本的要素，体育产品是进行体育营销的基础，它以提供服务为主，并以此为主体。在现代体育经济学看来，体育产品主要是在体育市场中用来满足顾客需要的东西，它可以分为两类，一类是实物型的体育产品，另一类是体育服务产品。

2. 体育产品的内容

体育产品包含体育比赛与演出、健身服务、休闲娱乐与培训服务四大部分。

体育比赛和演出是指在一定的场所（竞技场）中，通过专门的人员（运动员、教练员等），为消费者提供可以让他们看到的、有观看价值的体育服务，从而满足他们多元化的体育需要的体育活动。

健身服务，主要是由健身俱乐部、健美中心等为市场上的顾客增强身体素质的运动需要而提供的体育产品。

所谓的休闲娱乐，就是指通过保龄球馆、高尔夫球场等，为市场提供与之相对应的运动产品，以满足顾客对运动休闲和娱乐的需要。

培训服务，主要是指通过各种培训班（游泳、健美操、武术等），为体育市场提供教学、训练等服务，让消费者能够更好地了解体育运动的相关知识和技能。

（二）体育产品的经济学特征

1. 私有产品和公共产品的兼有性

（1）私有产品

私有产品是一种重要的商品，其功能是可分割的，在消费上是竞争的，在利益上是独享的。私有商品的消耗以购买为主，其价格受市场供需关系的影响较大。在一定范围内，体育产品也存在一定的私有化，比如，在一个健康俱乐部里，一个消费者占据了一个健身器械，势必会降低其他消费者对这个器械的购买意愿，从这个角度来说，健身器械就是一种私有化的商品。

（2）公共产品

公共物品是一种非竞争性和非排他性的商品。在这些企业中，非竞争是指在一种商品被生产出来之后，顾客数量的增长不会影响其他顾客对这个商品的消费与使用；所谓的“非排他”，就是不能强迫某个消费者购买该商品。

2. 满足人们的高层次需求

马斯洛认为，人类在获得了最基本的生活必需品后，就会对更高层次的事物产生渴求。随着国家经济的高速发展，人民群众的生活质量得到了极大提升，他们的可支配收入显著增加，他们对身体素质的关注程度也不断提升。体育商品是一种高品位的消费商品，它不仅能给人提供休闲娱乐和强身健体的功能，还能满足人们某种高品位的需要。

3. 生产要素替代弹性的特殊性

体育产品生产要素替代弹性的特殊性主要表现在两个方面：一是生产要素的替代弹性等于零，二是某些生产要素的替代弹性大。

（1）生产要素的替代弹性等于零

要想正常地开展一项体育产品的生产活动，就必须对各种生产因素进行投资，因为每一项生产因素都有自身的特点，一些生产因素的分配或者组合是固定的，它们是不可能被任意调节的。在这种情况下，体育产品生产因素的替代性是零，拿篮球来说，不管篮球运动员（劳动因素）的价值多高，也不可能用篮球来代替他们，因此，运动员和篮球之间的替代性是零。正是由于这种无可取代的特点，一些大牌球员才会被球队的拥有者青睐，即使要为此付出高昂的代价。

（2）某些生产要素的替代弹性大

在运动产品的制造中，为了获得最大的利益，可以对一些生产因素进行适当的替代。就像一些人，他们想要运动，但是却不愿意去高端的健身房，所以可以去一些公共场合。

（三）体育产品的价值和使用价值

1. 体育产品的价值

体育产品的价值同一般产品的价值一样，都是凝结在商品中的无差别的人类劳动。但从体育产品价值的确定角度来看，体育产品的价值具有一定的特殊性，主要表现在以下三个方面。

（1）体育产品价值的确定以质量为标准

体育产品的核心是体育服务，服务质量的高低对体育产品价值的实现产生直接影响。因此，在体育服务设施与服务条件一致的情况下，高质量的体育服务更能保证体育产品价值的实现。此外，体育产品质量与价值的高低还与运动员的训练素质、职业操守等有关。

（2）体育产品价值的确定具有垄断性

体育资源是体育产品的重要组成部分，体育资源的种类与特色决定了体育产品在价值量的计算上存在较大差异。比如奥运会、世锦赛等国际性的体育比赛，都是具有垄断性的体育产品，这些体育产品的价值是无法具体估量的。

（3）体育产品的价值随体育产品水平与规格的变化而变化

体育产品价值的大小不是一成不变的，它会随着体育产品水平与规格的变化而变化。体育赛事的水平越高、竞争越激烈，体育产品的价值就越高；反之，体育产品的价值就越低。

2. 体育产品的使用价值

商品的使用价值主要是指其能满足人们某种需求的属性，具有多效用性和多功能性。

（1）使用价值的多效用性

相较于一般的物质产品，体育产品使用价值的多效用性主要表现在两个方面：一是体育产品能够满足消费者的物质需求；二是体育产品能满足消费者的精神需求。

（2）使用价值的多功能性

体育产品使用价值的多功能性主要是指无论体育产品属于哪个档次，它们的使用价值都具有综合性，都能满足不同消费层次消费者的体育需求。

第三章 体育用品经济与常见体育经济发展

第一节 体育用品经济发展

一、体育用品产业概述

（一）体育用品的概念及内涵

体育服装、体育鞋帽、体育场地、体育器材以及其他与体育有关的一切事物统称为体育用品。体育用品具备的一个共性，就是其在体育活动中所起到的特殊作用。

运动产品具有“价值”和“用途”两种基本性质。这两种特性构成了体育用品被认定为货物的基础，它的价值反映了在生产中凝结的人们的精神和身体力量，也是体育用品区别于其他货物的基本因素。本文从三个角度对我国体育用品进行了比较全面的剖析。

1. 具有鲜明的体育色彩

人们参加体育运动，使用各类器材和设备进行健身，这些都需要体育用品，因此可以说，体育用品就是人们参加体育活动的材料。体育用品在体育运动中起到了重要作用，所以它从功能设计到外观设计都体现出明显的体育特色。

2. 具有较强的专业性

在体育运动过程中，体育用品起到了很大的作用。在一些体育运动中，体育用品的材质、质量和技术标准都会对体育运动的结果产生直接影响。

因此，体育用品厂家要想更好地提高人们在体育运动中的地位，就需要从体育规则入手，通过专门的设计与制作技术实现体育用品的生产。

3. 体育用品为高消费品

体育用品的消费是一种享乐型消费。根据体育运动自身的特性，要保证它的特殊性，这就导致它的售价通常很高，特别是在网球、高尔夫球等对设备要求很高的体育运动项目上。

（二）体育用品的分类

由于体育用品种类繁多、样式各异，针对体育用品至今仍然没有一个完美的归类方式，笔者从不同的角度对体育用品的主要种类进行认识与分析。

1. 以体育用品的功能和用途为依据进行分类

按照这一标准，体育用品可以分为以下几种类型。

（1）健身器械类体育用品

运动员进行体育训练，体育健身爱好者参与体育健身活动，都离不开体育器材。健身类的体育器材使用范围非常广泛，无论是身体锻炼、运动康复还是体育训练都能用到。常见的健身器械类体育用品有跑步机、自行车、划船器、楼梯机等。

（2）娱乐场馆设备类体育用品

一般来说，娱乐场馆设备类体育用品还可以进行进一步分类：体育娱乐设备和器材（如风筝、龙舟、秋千等）、棋牌类用品（如国际象棋、中国象棋、围棋、跳棋等）、体育场地设备和器材（球场地设备、器材）。

（3）球类器械设备类体育用品

体育比赛中用的球以及各种设施都属于球类器械设备的体育用品。在这类体育用品中，足球、篮球、排球以及乒乓球设备属于相对典型的体育用品。

（4）运动服装和器材类体育用品

在体育运动中，运动员所穿的专业服装或者带有运动俱乐部标志的服装是很多体育迷喜欢购买的体育产品，这类体育产品与人们的生活密切相关，比如足球球衣、跑鞋、泳衣等。

（5）体育科研测试仪器类体育用品

在体育运动中，为了更好地提高训练效率，增强训练的科学性，需要对运动员或者体育运动参与者的身体状况进行监控，这类监控设备也是体育器材。其中，弹跳仪、运动肺活量测试仪和心率测试仪是比较有代表意义的。

（6）户外运动品类体育用品

户外运动是现代休闲体育的重要组成部分，在户外项目中用到的器材、设备都属于户外运动品类体育用品。日常生活中，人们常见的户外运动体育用品主要有登山鞋、攀岩绳索等。

（7）渔具系列类体育用品

钓鱼在现代生活中是人们经常参与的一种休闲娱乐活动。在钓鱼过程中用到的渔具以及一系列工具都可以归入这类体育用品。

（8）运动保健品类体育用品

在参加完健身活动或者运动员训练结束之后，为了更好地保证身体状态的恢复，需要食用一系列运动营养食品，这类产品我们可以将其看作体育用品，归入运动保健类体育用品中。

（9）裁判员及教练员用品

在体育比赛中，裁判员与教练员是场上必不可少的角色。在比赛过程中裁判员使用的各种器材，以及教练员在训练过程中使用的各种器材都属于这类体育用品。

2. 以体育运动项目为依据进行分类

以体育项目为依据，体育用品可以分为球类运动项目体育用品、田径运动项目体育用品、水上项目体育用品、射击类运动项目体育用品等。

3. 以运动竞赛为依据进行分类

以运动竞赛为依据，体育用品可以分为竞技类体育运动用品以及非竞技类体育项目用品。

二、体育用品产业的市场化经营管理

（一）体育用品市场化运营的过程

随着社会发展的多元化，人们对于体育运动越来越重视，体育产品市场逐渐火热。在日益繁荣的体育用品市场面前，体育用品的科学经营与管理是企业在市场上保持足够竞争力的重要保障。

1. 营销部门的结构及职能

在大型公司中，分部市场模式是常用的一种市场运作模式，而小型公司则因组织架构较简单而较少使用分部市场运作模式。在部门营销中，营销部门负责公司的营销工作，主要是为市场部门制定战略方针，为销售部门制定销售策略，并与销售部门合作。

2. 市场化运营过程的要素及管理

在体育用品的生产和销售过程中，市场运营部门将对其进行全程的追踪和指导，从产品的设计、生产到产品的销售和售后服务，都需要市场运营部门提供指导，并进行相关反馈。营销部门和销售部门的协作工作包括：对营业额进行统计，并对营销战略进行有效性分析；收集客户售后服务信息，对客户提出改进意见。本文主要从三个层面来分析和认识市场运作。

（1）制订市场化运营计划

通常情况下，企业的正常经营周期以会计的结算周期为准，即一年为一个经营周期。大部分企业会将整个经营周期分为两段，第一段是前六个月，第二段是后六个月。市场规划的制订以及各种计划的执行一般以半年为小周期，以一年为完整周期。

（2）确定市场化运营策略

体育用品的品种不同，公司的运营模式也不同，所以在制订公司的市场化运营方案时，首先要确定公司的产品品种，再以这些品种为基础来确定公司的目标市场，最终在市场情况下，制定合理的销售战略。市场化运营的关键在于各管理和运营环节要与市场密切联系，根据市场的趋势调整生产和销售。

（3）确定产品的生产日期

在以市场为导向的运作中，制造时间是很关键的一点。本文中的“制造”并非一般的“制造”，只是从营销的观点出发，对“制造”作了一个新的界定。运动器材的制造时间，主要是指该公司的产品上市时间，对此要有一个明确的理解。

在市场化运作下，将运动产品的实际制造时间改为销售时间，其理由有二：一是运动器材与食物等具有短期货架寿命的物品有很大区别，以其销售时间而非制造时间标示，并不会对其使用寿命及品质产生影响。二是要使运动器材的款式受欢迎，就必须使运动器材的畅销成为可能，因为运动器材的畅销是有时限的，若以制造日期为基准来推算，将极大地干扰运动器材畅销期的推算。

（二）体育用品目标市场的选择

体育用品市场是一个综合市场，在对其开发时，管理者要根据经营目标和自身特点，对市场进行针对性划分，锁定合理的目标市场。

1. 休闲体育目标市场策略

总体而言，休闲体育目标市场策略分为三种：无差异策略、差异性策略和集中性策略。

（1）无差异策略

无差异策略指的是将市场视为一个统一的整体，对现实消费过程中各方面的差别不加以重视，以此为基础，向市场和消费者供应商品，用一种单一的产品来覆盖尽量多的消费者，以更多的人的需要尽量满足所有人的需要。

该营销策略的经济基础是基于对一种商品的管理，即对一种商品进行管理，可以使其运营成本最大化。而单产品计划的节省，除了在新产品研发方面节省外，更重要的是在市场调查、宣传和推广方面的花费都大大降低。但是，该策略也存在很大的缺点，那就是仅利用那些需求大、同质性高的商品，而且会遇到很激烈的市场竞争。

（2）差异性策略

所谓差异性策略，就是指将休闲体育的市场细分为具有不同要求的子市场，而公司则可以准确地掌握这些客户的需要，从而对这些需要进行有效的组织并开发出新的娱乐运动项目。它要求公司根据不同的市场情况，采取不同的宣传和营销策略，以达到最佳效果。分而治之的方法有利也有弊，下文详述。

①采取差异性策略的休闲运动具有如下优势：

第一，它的商品类型比较齐全，可以以多种形式对商品进行搭配，而且可以根据顾客的需要进行精确定位。

第二，差异性策略的组织结构比较松散，可以提高公司抵抗市场风险的实力。

第三，一个产品在单一市场上的成功，将会影响该产品的品牌知名度和声誉，从而影响该产品在其他市场上的业绩。

②差异性策略存在两个缺陷。

第一，提高费用。因为有很多不同类型的商品需要有特定的市场开拓和促销，所以公司的营销费用就会大大提高。另外，为了满足客户的需要，公司的产品将会被延伸到更远的地方，从而提高公司的生产成本。

第二，有利于消遣运动的有利资源将被分流。任何一个公司都有显著的长处，当一个公司拥有太多专长而且专长又过于分散时，其长处就难以体现。但把所有的精力都放在一到两个方面，就会增加风险。

（3）集中性策略

所谓集中性策略，就是指集中精力在一个或多个市场上实现集中性的突破，并以此来推动其他项目的发展。中心化营销战略的中心思想就是先在一个区域内形成相对规模，再逐步扩大到其他区域。

集中性策略的优点，主要表现为可以将企业的资源进行有效利用，将自己的精力和优势资源集中起来，从而在市场上获得成功，这在无形之中提高了成功概率。

集中性策略存在两大缺陷。

第一，公司所取得的突破过于集中，所占的整体市场比重偏低，容易对运动组织的建立产生冲击。

第二，因为要把最好的资源、最好的资本都放在一个很小的范围内，所以如果市场发生改变，甚至行销失败，就会给公司带来很大的损失。

2. 选择目标市场策略时要考虑的因素

不同的市场策略有不同的特点，在实际运用中企业需要根据实际情况科学选择目标市场策略，这样才能取得成功。一般来说，影响企业目标市场策略的因素主要有以下几个。

（1）休闲体育机构的资源或实力

如果企业在产品研发、市场营销以及财务运作上实力强劲，可以综合使用不同的目标策略；如果企业的资源或者实力不强，可以集中优势资源冲击目标市场，这样取得成功的概率相对较大。

（2）产品相似性

如果某种休闲体育产品是一种大众化项目，市场上存在多种同质性产品，那么竞争的焦点必然会集中在价格上，这种情况下，企业应该通过开发新市场需求，利用差异化策略赢得竞争。

（3）市场同质性

市场同质性指的是不同的细分市场对产品的本质需求是相似的，例如消费者的消费习惯、价格接受程度等因素，不管在哪种市场上，都有一定的相似性。

在此背景下，企业要将差异性策略与无差异策略结合起来，一边要维持自己传统项目的优势，一边要主动开发新市场，利用差异性策略获取优势。

（4）产品所处生命周期的不同阶段

产品处于不同的引入时期，竞争的激烈程度不同。产品刚进入市场时竞争较小，但销售难度较大；产品进入市场开发成熟期，竞争对手增多，竞争压力增大；产品处于衰退期，为了更好地保持自己的市场优势，可以利用集中性策略对产品进行营销、推广。

（5）竞争者的目标市场策略

休闲体育机构在选择目标市场战略的时候，要充分考虑竞争对手的市场表现。如果竞争对手实力强劲，采用集中性策略进行市场推广，企业可以集中优势资源；如果对手实力较弱且市场表现一般，可以采用无差异性策略，降低成本。

（6）竞争者的数量

当市场上同类产品较少时，竞争相对平缓，企业可以相对轻松地在市场占据一定的份额并控制竞争成本。当市场相对成熟，竞争对手增多时，企业需要集中优势资源保持自己的市场占有率，这时企业的竞争成本将增加。

（三）体育用品市场化运营的方法

要做好体育用品市场化运营工作，可以从以下几个方面着手。

1. 为顾客提供周到的服务和便利

为客户提供全面、周到的服务，使客户在采购和使用运动产品时感受到极大的方便。在面向客户的过程中，要确定两个关键的突破口。

第一，消费者往往根据自身的消费习惯和对商品的品牌认知来做出购买决策，但是，在许多情况下，大品牌的运动器材往往与自身的消费习惯不相符。此时，其他企业在市场上的产品成为消费者的首选，而尚未建立品牌形象的企业，要把握客户的个性化需求，开拓市场。

第二，随着当今世界节奏的加快，人们从繁忙的工作中得到了更多放松，网络购物也在悄悄地发展起来。因此，我国的运动产品生产厂家应针对这种需求，积极发展网上交易，为广大消费者提供便利。

2. 合理采用关系营销方式

在企业的运作中，公司与公司之间有很大的合作空间，因此，体育用品公司应积极配合，以确保二者在互惠的前提下，共同开发新市场，维持其在国际上的竞争优势。

对大多数公司而言，利益相关者的联盟更有助于公司的发展，这是由于公司在两家公司之间的业务关系中，既可以获取更多的市场资讯，又可以减少许多无谓的竞争，从而增加公司利润。公司应该对与自己有关系的公司保持很高的敏感度，通过与他们的合作，公司的利益能得到最大限度的保障，还可以有效地遏制各类不良市场反应，使公司的运营更加平稳。在商业运作中，与商业活动有密切关系的组织并不局限于商业活动，社会团体和体育团体等都与商业活动有广泛的联系。在与此类机构合作时，公司可以充当赞助人，不仅能帮助公司解决融资难题，而且能提升公司的品牌形象。当双方合作的时候，要适当地把握与这些机构访谈的机会，并利用多种渠道搜集资料，加深对这些机构的认识，进而采取相应的对策。

3. 使消费者的个性需求得到较好的满足

在传统的运动产品市场中，运动产品从生产者到顾客之间的流程比较单一，也就是由商家以零售商或者代理商的形式进行销售。在运动用品市场上，由于其商品类型日益多样化，传统营销方法的缺陷逐渐凸显出来，无法准确把握消费者的消费需要和用户的使用情况，这使得公司在做出相应的生产决定时往往比较被动。要解决这一问题，就必须考虑如何优化销售过程，并构建出一套面向消费者的售后服务和消费信息收集体系，以全面地掌握市场需求和产品的市场表现。只有在这种情况下，企业才能为自己的生产决策提供足够的基础，从而提高体育企业生产的针对性，满足消费者多元化的消费需要。

三、体育场地设施的管理与运营

（一）体育场地设施的概念

体育场馆是全民健身活动的主要场所。在适宜的专业场地开展体育活动，不仅能使生活品质得到提升，更是一种健康和谐的生活方式。

通常来讲，体育场地设施指的是可以进行各类体育活动的地方或空间，但它并不是我们熟知的体育场馆，也不是单纯意义上的文化娱乐建筑，它是一种复合型的体育文化类建筑。

（二）体育场地设施的分类

按照不同的分类标准，体育场地设施可以划分为不同的类型。

1. 健康、休闲、冒险型体育场地设施

根据参加运动目标的不同，运动场所可以分为健康场所、休闲场所和冒险场所三种类型。

随着医学科技的不断发展和提高，人类的平均寿命不断增加，老年人的数量也在不断增加，而老年人休闲活动最重要的目标就是健身，所以，为了保证老年人健康，设置了一种健康性运动场所和设施。这些场所通常为人们提供生理和心理上的保健，比如，康体娱乐中心、水疗或山地疗养院、健身俱乐部等。

随着闲暇时间的增多，人们对时间的消费越来越关注，也就是如何有效利用日益增多的闲暇时间，丰富自己的休闲生活，从而实现自身发展的目标。休闲运动场所就是在这种潮流下产生的。以“休闲消费”为特征的健身场所主要有：高尔夫球俱乐部和保龄球俱乐部，开展各种专业体育活动的大型体育场馆，以及瑜伽健身中心等。

由于现代社会的高度体系化和组织化，人类在工作和生活中不得不长久地承担相同的或比较固定的角色。而探索性运动场所和设施则能让观众在短时间内跳出现有的固定模式，享受一种崭新的生活。随着安保措施的不断改进，这种探险式运动受到了人们的欢迎，它的发展主要依赖于自然的环境，比如广东的德庆盘龙峡谷，有独木舟漂流、攀岩滑水等。

2. 日常生活、广阔地域、集团度假村型体育场地设施

从其运营的类型来看，运动场所可以分为“日常生活型”“广阔地域型”和“集团度假型”三种类型。

在自然环境中，如水上、山地和空中，进行体育活动所需要的场地，如风帆和攀岩等，被称作“大面积区域”。团体度假类的体育项目大多和旅游业联系得比较密切。这种运动场所还可以细分为：山地型（如滑雪胜地），高原和丘陵型（如高尔夫球场），临海型（如帆船和潜水），公园型（如运动俱乐部），以及复合型（如运动题材的度假胜地）。

3. 单项、综合性体育场地设施

按照适合程度的分类准则，将运动场所分为单一运动场所和综合运动

场所两类。

单一运动场所指仅适合某一类别或某一运动项目的场馆，一般在名字中已经明确了使用目的，例如，广州“越秀山”游泳场，深圳“观澜湖”高尔夫球场，上海“国际赛道”等。能够适应多种类型的运动项目的设施是一种综合性的体育运动场馆，这种场馆的面积通常比较大，功能齐全。

4. 公共、私营体育场地设施

从投入的角度来看，体育场地设施可以分为公共和私营两类。

公共体育场所是指为广大人民群众提供参加体育运动所需的社会福利设施。以营利为目的的营运型运动场所归为私有运动场所，此类运动场所大多由民营企业出资或合资企业经营。

（三）体育场地设施未来的建设发展趋势

1. 场地设施功能多样化

未来场地设施功能多样化，呈现出“运动—公园—旅游休闲—办公”一体化趋势。

越来越多的经济较发达国家和地区的体育场地的管理遵循“运动公园旅游—休闲办公”一体化理念。

2.“以人为本”的经营思想

以小区为核心，强调“以人为本”的人文主义的运营理念。

随着城镇化和生活理念的不断变化，现代社会中的居民逐渐从以单位和亲属为单位的聚居方式转变为以团体为单位的聚居方式。这种潮流使“社区”这个理念得到了更多人的认同，而“社区”的出现，正是人们对健康、休闲、娱乐等新型生活理念的向往。

3.“专业化”和“细微化”管理

运动场馆、器材的运作与管理朝“专业化”“细微化”方向发展；很多运动场所都是大型的、独具一格的、以营利为目的的私营场地。所谓精细化思想，就是在对体育场馆进行管理的过程中，一些微小的细节都可以引发管理部门的注意，比如，在重大活动过程中，为了方便观众和用户之间互相联系，防止他们走失，一些考虑周全的设施会开设租赁临时呼叫机服务，还会专门设置残疾人士售票窗口，设置进场导引员等。在美国富兰克林球场的某些规章制度可以很好地反映出经营细节的理念。比如，不能把类似哨声的声源，酒精类饮料带入体育馆；为残疾人设置专用通道，供残疾人使用；设立残疾人专用停车位，等等。

（四）体育场地设施的运营

体育场地设施的运营，指的是运用合适的管理方式和技术手段，充分利用体育场地设施的不同工作人员的功能，将投资于体育场地设施中的有限资金、物资以及信息资源转变为可供销售的体育服务产品的过程。

运动场和设备操作要点：

在运动场和设备的管理中，运作是最复杂和全面的一项功能，运作的优劣对运动场和设备的有效运作起着至关重要的作用。虽然运动场地经营的原理和大部分商业经营的原理是一致的，但是两者之间还有很大区别。传统的运营管理注重服务的生产过程，而体育场馆设施的运营管理更注重如何提供服务。基于此，笔者将运动场和设备的运作因素分为以下类别。

1. 运营管理目标

经营管理目标是指一个人，一个部门，或者一个企业希望达到的结果。在运动场所和设备的经营过程中，经营管理目的是基本的，一切运动设备的经营都必须遵循已有的经营目的和经营方向。大部分运动场和场馆的经营单位都具有正式的工作目标，它们可以是一个单独的工作目标，也可以是一个多子工作目标体系。经营管理指标既可为运动场和设备的经营指明发展方向，又可为运动场和设备的投资决策提供依据。

所以，制订运营管理目标的工作，除了要让那些对设施比较熟悉且有丰富运营管理经验的高层主管来完成外，还要倾听雇员们的建议，并将他们的建议汇总起来。

运动场所经营目标通常分为两种：一是长期的，二是短期的。长期经营目标是指经理对于经营结果和可以达到的预期的一种描述。而短期经营目标是为了达到一个具体的长期经营目标。而且，一切短期经营目标都可以被定量、被衡量、被计算、被比较。

以一家会员健康会所为例，提出以不断稳定发展为经营目标。很明显，可持续、稳步发展是一个无法用数量来表示的目标，而且需要一段时间才能达到。因此，要想对这一长期目标的达成情况进行评估，俱乐部的管理人员就必须设定多个可以衡量的短期目标。对会员运动场所而言，一个持久而稳定的增长可以带来更高的营业额，更多的成员，更高的设施使用率和认可率等。然后，这些可衡量的特定标准构成了这个球队的一个短期目标体系。

此外，虽然运动场所通常按照规模划分为多个部门，但不管各部门承担什么工作责任，全体职工都应当参与到运动场所的运营和管理中。如果所有人都支持目标，无论是长期目标还是短期目标，那么经营管理目标就会变得非常重要。

2. 管理理念

运动场馆和设备的管理理念是指为了实现其绩效、管理目标和在市场中的价值，而对运动场馆和设备进行管理的长远观点。无论采用单一还是复合的管理理念，都为运动场馆在市场竞争中促进产品和服务的发展，以及经理人的培训，建立协调一致的组织架构和经营模式。

运动场所的经营理念，为运动场所的经营者提供了工作指南和经营方向。所以，在经营过程中，不能一味地追求利润和市场份额，而是要以为顾客提供高质量的体育服务为中心。

3. 管理团队

在运动场馆和设备的经营中，管理小组是一种以实现运动场馆和设备的高效、和谐运行为目的而组建的管理机构。体育场馆设施的正常运作离不开每一个经营管理人员，而任职于各功能部门的经营管理者就成为管理团队的重要组成要素。

因为内外运营环境不同，各种类型的娱乐设施的运营理念和管理方式通常都会不同，而这些不同也会体现在它们的管理团队组成上。大部分运动场所的经营队伍都可以分为上下两级。

首先是高层管理小组，该小组也是运作的最高决策部门，依据场地的规模与用途，通常由总经理、CEO或执行董事等构成，其在运作中的主要职责有确定管理理念、管理任务、政策与流程、组织要素、预定与日程安排、合同、管理手册与评价方法等。其次是各职能管理人员，他们的职责包括营销、公共关系、财务等，以及其他一些特殊的工作。

4. 管理政策制度

运动场馆设施运营与管理系统是在规定的情况下，从多种选择中确定一种特定的行为规范，对运动场馆当前及将来的运营与管理决策起到引导和带领作用。公司的经营方针体系以公司的经营方针为依据，是公司各项经营活动的依据。

在具体的案例中，管理系统是经理人做出决定的理由。在运动场所和设备方面，其经营方针和系统的目标是将运动场所和设备的经营策略结合起来；当企业决策不符合企业的发展策略时，企业的经营就会受到严重影响。以一家运动场所为例，其经营策略是培养客户的忠诚，并与客户形成长久的伙伴关系。而要实现这个策略，前厅工作人员必须实现良好的合作。

所以，管理人员应该在入职之前，对所有的前台人员进行顾客关系管理训练，使他们能够理解中心的策略，并具备充分的专业知识和技能来协助中心达到预期目的。系统还有一个作用，就是确保在做出决定过程中，全公司都能保持某种程度上的持续性。在做决定时，往往会受到决策者的性格、价值观、阅历等因素的影响。在制定策略体系时，可以制定出具有一致性的准则，最大限度地减少个体的影响，从而确保决策的一致性。

5. 工作流程

在一个运动场所，工作流是一种指导，指导人们怎样进行各种特定的操作工作。总体而言，程序指令比决策系统具有更明确的行为步骤。一种有效的工作流实施方法，可以用作一个路标，用来指引工人和经理们如何在工厂里工作。

简言之，整个工作过程都是围绕“怎样才能使运动设备发挥作用”这个问题展开的。此外，也有一系列的工作程序，构成了一套不同的工作流程，运动器材之管理职员须依此执行相关工作。

比如，按照体育场地设施运营的一般工作流程，在场馆设施正式开放营业前，负责基建的管理人员应当首先建立起自己的管理理念和管理风格，以及适当的设施使用规定和操作程序，并且用带有约束作用的手段和方法明确地反映设施的使用要求，并最终将这些基本规定和程序高效地传达给员工、承租者和普通公众。

要在纷繁的市场环境下，将体育场馆设施建成具有竞争力的、成功的体育娱乐设施，就需要确立一个合适的目标任务，建立一个强大的管理队伍，制定一套行之有效的管理方针制度和工作程序。

（五）体育场地设施运营管理的主要内容

体育场馆的经营管理是一项综合性的系统工程，牵涉的问题很多，比如场地设施的预定与安排，安全保卫，风险管理，经营项目的制订与市场营销，服务质量管理，财务管理，后勤工作和场地设施维修。

一位出色的运动场所经营者，必须具备健全的经营知识架构，包括预算编制、成本控制、市场营销等，并具备商务洽谈和交流能力，才能高效地做好运动场所的各项工作。

1. 场地设施的预订和时间安排

场馆设备的预订与合理利用，是保障游憩场馆运营的关键环节。如果没有实行预约制度，这些设备将无法得到高效使用。

此外，比赛是场馆的另一大收益，能为场馆增添活力。不同属性的运动场所业主，其运动计划与日程亦会有不同的表现。

总体而言，公众运动场所除提供每日的场馆设备租用服务之外，还应保证为公众参与的各类体育赛事提供场馆预订及定时服务；私人机构可以按照合同规定，有选择地进行慈善或非营利的项目，而将更多的场馆或更好的时间留给营利项目。

运动场的预约通常有两种方式：意向预约和确定预约。意向预约是由一些机构或个体申请在办公场所的日程中指定一天或一段时间，但是还没有签署租用协议。在相同的时间和时段，若有其他机构或个人想要租用该设备，并愿意交纳押金，通常情况下，由现场负责调度的工作人员首先告知原来的预约机构，在得到该机构的认可之后，才能确定该机构的预约资料，并做好签约准备。订约或确定订约，意味着订约单位按照约定的时间、地点支付了订金，并开始了关于订约的协商工作。请务必指出，各种形式的赛事，其确定时间及附加条款均有差异，具体应视赛事本身及举办方的信誉而定。为了获得顾客的信赖，运动场所需要建立公正、合理的预订制度。

日程是指按照比赛场地的可用时间，对比赛场地进行预定，并进行调度。进行时间调度的工作人员必须对设施的运作了如指掌，而且确保在完成每日租赁的前提下，场地可以举办适量的比赛，而不会出现工作人员超负荷、场馆过度使用、预算严重超支、市场过度饱和等问题。所以，对运动场所设施进行时间调度的目的，就是对各种场地设施的使用时间进行合理利用，与最佳的比赛活动相结合，从而使设施得到最高效使用。

通常来说，在确定了预先确定的资料之后，接下来就是协商、拟定合约。经协商一致通过的合约，必须明确合约当事人的职责，并且符合下列五项条件。

①报酬：由当地价格主管机构批准的一笔合适的钱，以及合同当事人应承担的责任。

②提供高效率的建议与保证。

③合约的条款应与法定条款相一致。

④明确的合约期间。

⑤其他附属物。

为了防止产生误会，合同应当尽可能简单明了。大型运动场一般采用三种合约方式。

第一种是门票销售或活动合约。在竞赛过程中，体育馆对大众进行门票销售，入场，引导入座，收取门票等相关事宜。其主要内容包括保险合同、专项基金安排和宣传推广等。因为场地不仅要满足组织者的预订需求，而且要拥有对建筑的控制权，所以对于公共比赛或事件，通常都会有比较详细的合约制订过程与条款。

第二种是无票或封闭性的，比如展览、产品或项目推介会，这些都是不要求售票的，只要求提供设备演示场地及晚宴等。由于此类事件是非公开的，此类事件的合约并不十分复杂，可减轻机构自身的负担。

第三种是像个人派对或讨论会这样的在设备间的小房间里举办的小规模活动。而这种规模较小的事件就没有预约这样的需求。此类业务一般具有高回报、易运作、合约条款等特点。

2. 安全保卫

在运动场所和设备的使用中，应加强对运动场所和设备的保护。缺乏安保措施，或者应急措施失当，都会导致经营场所的经营者被追究相关法律责任。大部分大型体育馆都会雇用专职的安保人员，安保工作由运行单位负责。

所以，制定安全管理条例和工作流程，并把管理条例和工作流程传递给全体职员（例如售票员、管理人员等）是很有必要的。工厂里的每一个职员都应该清楚地知道这个流程，并且在遇到问题时立即按照紧急情况处置。若该机构采用了严谨的监管规则及工作流程，保障了用户的利益，则可减少该机构的职责。

（1）应急指挥权

设施应建立一个权威性的指挥体系，以便在紧急情况下最大限度地发挥其协调和指挥作用，迅速处理。

（2）应急反应训练

运动场所的工作人员对突发事件的响应应该既快又专业。受过良好培训的雇员与没有受过专业培训的雇员在面对突发事件时的应对能力有很大的区别。在制订应急响应方案时，有关机构或部门要对所有可能发生的意外事件进行充分的考量，更要对最有机会参加紧急事件处置流程的人员进行全方位训练。

（3）应急反应程序

每一种设备都有自身的特性，所以必须根据其特性，建立相应的应急响应流程。一份详尽的突发事件应对方案应该包括设备员工的安排、结构特征、活动的种类与分类方式，以及每次比赛活动所需的急救医护人员的种类与数量等内容。在快速适当的情况下，需要与急救医护人员进行交流，并有计划地布置某些急救医护器材及供应品。

大部分大型公众运动场所都设置了斜坡和其他非机械式的逃生通道，以便应对突发事件。在任何情况下，千万不要乘坐升降机或自动楼梯。当突发事件发生时，如果没有准备好详细方案，那么经理就应该挑选一个最适合、最有效的应对方案。虽说政府有规定，必须有应急救援的功能，但从道德上来说，运动场所还是要给观众提供一个安全、舒服的活动场所。

3. 风险管理

风险是指有可能发生的一种危险或危害。风险管理的目的在于尽量减少事故造成的损失。要想高效地开展这项工作，就必须辨识可能存在的风险、评估其发生的概率、规划其处理方法、建立相应的规范与流程来减少风险的发生。

（1）风险识别

在风险的辨识过程中，经理人要找出在各种运营活动中有可能导致亏损的不同类型的风险，并分辨出它们是主要风险还是次要风险。因此，要减少风险带来的危害，每个体育场地经营者都要给予充分的重视，并将其纳入自己的掌控中。虽然雇员自身也是一个危险因子，但是受过训练的雇员是一个很好的风险管理人员。

（2）风险评估

运用损失量指数，可以使风险评价更加体系化。这个体系能够使评价过程保持不变，并使评价结果保持不变。将危险划分为九大类后，运动场所和设备的经营者便可依此将这些危险加以归类。

（3）风险防范

体育场馆的管理者应该尽量避免那些会导致重大损失的风险和经常发生的风险。例如，不应该举办曾经给其他体育场馆造成重大损失的赛事活动或者可能使用含有安全隐患设备举办的赛事活动。

（4）转移风险

除了利用风险预防来降低不同的风险给设备造成的损失之外，转移风险也是一种处理已经识别并评价风险的方法，它的核心是经理人对风险的认知，也就是对风险的掌握程度。以上所列出的各种风险基本上都将极端情形排除在外，但其中也有某些风险会造成或大或小的损害，而且出现的次数并不少。在实际工作中，我们无法做到全部规避设备运行中出现的风险，而实践经验丰富的设备管理人员可以预先判断出设备运行中出现的高风险，并采取购买保险、签订免责等措施来规避这些风险。

（5）承担和减少风险

面对危险的最终办法就是冒着危险，尽量降低它带来的损害。

运动设施之所以能够承受这样的风险，不仅是由于运动项目遭受严重损害的可能性较小，而且由于运动项目自身存在不可回避的内生性风险，特别是运动项目的冒险性更为显著。

运动场所和设施的经营主体必须认识到运动场所的风险管理是一个动态的、持续的、有规律的、有步骤的、有计划的、有针对性的过程。为了让消费者能够更好地享受设备的服务，设备经营者必须严格按照风险管理流程进行操作。

第二节　常见体育经济发展

一、竞技体育的发展及经营

（一）竞技体育的分类与特点

竞技体育指的是在人们从事体育活动的主体之间，使用公开的、共同认可的方法和标准，以自己的运动作为主要形式，展开的一种对自己极限的挑战，从而达到超越自己的社会竞争性活动。竞技体育也有自己的史实和传奇，以战胜对手获得某种收益为目的，是在正规组织的体育群体成员或代表之间进行的，其重点在于以比赛结果来展示自己的实力，在正规的规则范围内进行，并在此范围内规定参与者的责任和地位。

1. 竞技体育的分类

关于运动项目的归类问题，国内不少体育学者都有自己独特的看法。有根据竞技体育活动项目的属性分类的，也有根据竞技体育的动力的使用方式分类的，还有根据竞技体育运动的社会意义分类的。目前常用的方法是根据运动竞赛的各项特征分类。

①根据对运动员需要的运动能力占主要地位的要素，竞赛项目可分为身体素质优势和技术优势两种类型。之后，将各项体能和技能的主要表现形式或特点作为第二个分类标准，将体力主导类项目划分成快速力量性、速度性、耐力性三个子类，将技能主导类分为表现性、表现准确性、同场对抗性、隔网对抗性及格斗对抗性五个子类。

②以动作结构的组成形式为依据，先将全部的竞赛项目分为三大类：单一动作结构、多元动作结构及多项组合结构。之后，以各种动作的组合形式为二级分类标准，将单一动作结构再划分为非周期性、周期性及混合性三个子类，将多元动作结构再划分为固定组合和变异组合两个子类，将多项组合结构再划分为同属多项组合和异属多项组合两个子类。

（3）根据运动成绩的评定方法，将竞技体育运动项目划分为测量类、评分类、命中类、制胜类和得分类五大类。

2. 竞技体育的特点

竞技体育作为一种复杂、多元化的人类特殊的活动过程，必定具有鲜明且独特的特点。对于其特点的表述，古今中外众说纷纭，不一而足，从其本质和表现形式来探究，可归纳为以下几点。

（1）拼搏的精神

竞技体育追求的是超越自我、勇于拼搏，同时也是一种功利性的追求。大赛结束，组织委员会依据结果为获奖选手颁发奖章、锦旗、奖杯等，并由组织单位进行物质上的嘉奖，获胜者会得到全社会的一致好评，获得荣誉和财富的双重收获。在爱国精神的基础上，这种行为是对努力工作的教练和运动员的一种认可和回报。

因为竞技场的比赛是简单、快速的比赛，比赛结果会对选手们造成很大的冲击，这种冲击通常可以让选手们获得很大的成就感，同时，丰富的物质回报也会让选手们感到非常满意。因此，从某种意义上说，竞技运动的“功利”属性对其发展起到了推波助澜的作用。但是不能本末倒置，不能以追求功利为唯一目的。

（2）高度的认同

竞技运动在形式、内涵等方面已获得了普遍认同。尽管参加比赛的人来自不同的国家、不同的种族，不同的历史和文化背景，但是，竞技体育的内容和组成形式一直都来自于人们的日常生活，它可以对人们产生不同的价值影响，因此，它的组织方式和内容可以得到人们的认可和社会的认可。

运动员在运动项目中所取得的成绩会得到整个社会和世界的认可。竞技比赛是在公正、公开的情况下开展的，参赛运动员都是积极、自愿地对竞赛的规则进行配合，因此，竞赛的结果是公平的，也是被广大群众接受和认同的。比如，各种级别的运动会、锦标赛、精英赛、公开赛以及奥运会等，运动员所取得的竞赛成绩会被社会各界普遍认同。

（3）严明的规则

在社会生活中，人们利用各种各样的社会规范，对彼此之间的关系和行为进行调控并加以约束，这也是一种能够对正常的、有序的社会生活进行控制和调节的方法。在竞技运动中，运用一定的运动规律对运动员的运动进行约束和规范，运动员在运动项目中的地位、权利和机会都是平等的。

赛事的规则明确了哪些行为是被允许的，哪些行为是被禁止的，以及对违规行为如何惩罚。参加比赛的选手应服从比赛规定，服从裁判员的裁决。

只要所有选手都能严格地遵循和执行比赛的规定，比赛就能在公平、公正的环境下进行，比赛结果就能被人们认可和信任，这样，竞技体育就能更好地推动社会发展。

（4）激烈的竞争

在一个社会里，不同的群体都在为自己的利益和目的而相互竞争。在竞技运动中，比赛也是一样，都是为一个特定的目的而战。比如，竞赛中的优胜者打破了体育纪录，击败了对手等。在竞技运动中，获胜的要么是一个人，要么是一个团队，正因为如此，它的竞争性才会更加明显。

为了获得最终的优胜结果，参加竞争者将会更加积极、勤奋地进行训练，持续提升自己的身体素质、运动技能和心理水平等各方面能力。

（二）竞技体育产业体系及发展模式

1. 竞技体育产业的体系

竞技体育产业作为体育产业的核心部分，会对整个体育产业的发展产生重要影响。

2. 竞技体育产业发展的主要模式

从经济体制的角度来看，竞技体育产业的发展模式可分为两类，即市场主导型和政府参与型。

（1）市场主导型模式

市场主导型是指由于市场主体本身对商业利益的追求，所以形成了竞技体育产业发展的原动力，同时也是由于不同市场主体之间的相互竞争而带来的压力和动力。一般而言，这一发展方式在最初的市场经济国家比较普遍，美国和英国就是这一发展模式的代表。

“以市场为导向”的开发方式有两大特点。

第一，就我国竞技体育发展中的政府角色而言，在以市场经济为导向的发展方式下，对于各参与方，往往采取由“市场决定”的态度。

第二，在竞技行业的组织形式上，以市场化方式发展的国家，其竞技体系与联赛体系一般比较健全，而以市场化方式运作的公司治理也比较健全。

（2）政府参与型模式

由政府来制定本国的竞技体育产业的发展目标，并通过各种方式来引导、调控和规范体育市场主体的建立和运作，这是一种政府参与的模式。

从国家在我国体育事业发展中扮演的角色角度来分析，主要是运用各种方式，对我国的体育事业发展起到导向和推动作用。在发展策略上，后起之秀的市场经济国家，通常会根据自身的需求与市场的发展状况，来决定其发展的优先次序，从而有计划、有步骤地推进自身的体育事业发展。就体育中介组织而言，目前的体育中介组织还处于发展阶段，缺乏对体育公司进行专业的商业开拓的决策咨询服务，各体育市场主体之间缺乏有效的交流方式，对体育产品、服务、营销方式等都缺乏创新。就目前的发展状况而言，我国的公益事业已呈现出逐渐走向营利性的趋势。

（三）体育竞技产业发展策略探究

1. 促进竞技体育市场运行体系和机制的不断完善

从计划经济时期开始，我国就逐渐形成了竞技体育发展方式，并且至今还在使用。尽管在社会主义市场经济时期，竞技体育的发展方式做出了相应的调整，但依然是在政府的指导下，对社会的体育资源进行统筹分配和管理，从根本上来说，竞技体育的发展方式并未发生变化。在市场经济条件下，市场是一种有效的资源配置方式。因此，我们应根据社会主义市场经济的运作机理，改变现有的体育资源分配模式，实行“以市场为主导，以规划为辅助”的方针。要根据“以市场为主导，以规划为辅助”的新的资源分配原则，重新构建竞技运动的市场化运作和经营体系。

2. 促进竞技体育俱乐部运作机制的不断完善

要想使我国的体育事业健康发展，就必须有一套健全的俱乐部经营制度，才能使之成为一种良好的运作模式。一家俱乐部的经营体系完善与否，取决于它所具有的一些基本特征。

第一，是具有独立性的法律主体。

第二，拥有自主生产的商品。

第三，组织架构、名称、场所要完善。

第四，可以独立地承担民事责任。

第五，实行资金管理体制和资产管理制。

体育俱乐部应实行企业化管理，逐渐走向市场，遵守市场经济的游戏规则，根据市场经济三要素（竞争、价格、需求）来进行经营与管理，构建相互依托、相互制约的运作机制，科学构建投资机制（产权清晰）和约束机制（制度健全）。

3. 树立经营开发意识

同时，企业要建立一种全新的理念，并主动创造出“品牌”效果，以此来推动我国的竞技体育事业发展。因此，必须对工业化运营发展有一个清晰的理解，要建立市场的风险防范意识，要持续地健全市场化运营体制与机制，提升竞技体育的整体素质，要加大创新力度，在学习国外先进技术的同时，要与中国的实际情况相适应，探索出一条有中国特色的发展之路。

4. 加强政府宏观调控功能的发挥

在此基础上，本文提出了一种有针对性的、具有创新性的、可持续发展的新思路。由于体育产业化和体育俱乐部在一段时间里都会持续向社会提供公共物品，所以在推进市场经济发展的过程中，必须强化政府的宏观调控功能，以推进体育的产业化发展。但在一定程度上，政府的干预并不意味着完全否认市场机制，只是弥补了自身的不足。国家要科学地构建法律体系和政策体系，加大执行和监管力度，建立科学、高效的协调管理机制和综合决策机制，从而有效地弥补市场机制的不足。我国的竞技运动俱乐部发展不能只依靠国家财政的资助，必须切断对其的依赖性，根据其能为社会贡献的公益产品的多少，给予适当补助。

5. 促进社会公众参与度的提高

要想发展好竞技运动，就必须调动广大群众的积极性。社会大众可以通过各种方式参与竞技体育，比如，主动参与竞技体育活动，对不利于竞技体育产业发展的行为进行监督，对科学的竞技体育产业化活动给予支持，通过媒体来对竞技体育俱乐部的训练、竞赛等活动进行监督。社会大众对竞技体育的参与主要包括以下几个方面：广泛开展群众性运动、广大爱好者的参与、发展体育经纪人、培养竞技体育俱乐部的专业人员等。要使我国的竞技体育事业得到更多关注，我国的竞技体育事业必须得到更大的发展。

二、休闲体育业发展及经营

（一）休闲体育的概念和内涵

1. 休闲体育的概念

休闲体育运动是指各种以休闲娱乐为目的的体育运动。

体育活动兼具健身、竞技、游戏和娱乐等多种属性，它可以促进人们的身体和心理健康状况，增强人们的身体功能。体育运动在进行竞赛时，可以将人的潜力激发出来，对人的意志、品质进行磨炼。一些有趣的娱乐项目还可以让人放松身心，培养团队精神。这种情况下，运动消遣不仅可以视为运动，也可以视为休闲和消遣。

休闲体育并非新出现的一种理念，它是以一种全新的形式出现，以适应人类的闲暇心理与发展需求。

2. 休闲体育的内涵

休闲体育的内涵可以从五个不同语境来阐释。

（1）时间语境

闲暇时间是进行闲暇活动的关键因素，留出充足的闲暇时间是“休闲体育”构建的先决条件。而“闲适”就是“休闲”一词的精髓，离开了“闲适”，就不可能有什么运动。所谓休闲体育，就是指人们有空闲的时候，以自己的精神需要为动力，以运动为手段，以自身的心理需要为基础，以心理需要为动力的运动。

（2）文化语境

在文化背景下，对休闲体育展开论述，主要是从人们的精神需求、情感变化以及个人领悟等内部要素的变化出发，来对人们的体育休闲活动展开分析。一方面，体育以身体形态、动作技能、场地器材、竞赛与活动的规则、规程等有形的形式表现出来；另一方面，体育以精神因素等形式表现出来，如意志、时代精神等。休闲体育具有相对特殊的生存模式，根据其与体育的共同特点，我们可以将其定义为：人们为了满足自己的体育运动需要而进行的体育运动创造，体育运动竞赛鉴赏，体育文化建构的一种新的行为模式。

（3）现实语境

现实语境下，如果对“休闲体育”内涵进行深入的理解，一般是指从事休闲体育活动的各种物质、制度、规定、精神以及现象过程的总和。

（4）使命语境

“休闲体育”主要有两个目的：一是提高人们的身体素质，减少或缓解人们的疲乏感；二是使人们得到心灵上的安慰。这种情况下，人们可以从运动中得到更大的快乐，以维持心灵的平静和和谐。体育运动是通过运动、游戏、竞技比赛、健身娱乐、体育观赏等方式来锻炼身体，增强体质，以获取个人的归属，完成个人的任务等。所谓“闲暇运动”，就是人们主动、自觉地进行的一种运动，它能使人从精神上解脱出来，从而获得自由。休闲运动能够促进人们摒弃自己疲劳的思想，唤醒快乐和轻松的思想。

（5）目标语境

以“以人为本”“以物为本”的“以物换物”为目的，通过“以物易物”的方式，实现“以人的生命为本”。运动是一种具有一定的社会性和文化性的活动，将两者有机融合，形成了新的、文明的、健康的、科学的生活形态。从某种意义上说，休闲体育运动对大自然的青睐、崇拜、征服，是对人类原始本性和对肉体、精神的锤炼作用的一种回归，而在今天，这样种回归是十分可贵的。

（二）休闲体育市场及其分类

1. 休闲体育市场的含义

集市是交换货物的地方。一般情况下，市场按使用和交易物品的特性进行分类。休闲体育市场的交易客体是为满足人们的娱乐活动需求而设计的各类有形或无形的商品（服务）。所以，休闲运动市场是休闲运动中存在的进行物质与物质交换的地方。

首先，从微观角度来看，“休闲运动”是指“娱乐运动商品交易”的地方，也就是“娱乐运动”商品交易的地方，比如，在“娱乐”中，人们可以观看、参加体育运动，或者在“休闲”中，购买运动服装、鞋子等商品。

其次，在经济意义上，“市场”反映商品供给与需求，是一种由各种交易行为与各种交易方式构成的综合体。在此基础上，将休闲运动中存在的各种商品、服务等交易行为、交易关系等统称为“休闲运动”。

最后，根据营销理论，所谓的市场就是指一个人或者一个机构，他们拥有真实的或者潜在的需要，他们有购买意愿，并且能够用金钱来支付。从营销中的这个意义来看，娱乐体育市场是一个人或者一个机构对于娱乐体育的有形或者无形的商品，都具有对娱乐运动的有形或者无形商品的购买意愿以及金钱支付能力的实际的或者潜在的需要。

2. 休闲体育市场的类型

根据产品的形式，休闲体育市场可以分为休闲体育产品市场和休闲体育服务市场。根据其功能，休闲体育市场可分为休闲体育用品市场、体育竞赛表演市场、体育健身娱乐市场、体育旅游市场、体育培训市场。

（1）休闲体育用品市场

休闲体育用品市场是以休闲体育用品为交易对象的市场，主要是指满足人们休闲运动所需要的食品、饮料、服装、鞋类、器材、用具、场地等。

在当今社会，由于人民群众的物质文化素质和身体素质日益提高，所以体育产品市场呈现出蓬勃发展的态势。随着全民健身计划的普及与执行，以及体育产业化、商业化步伐的加快，人们对各种娱乐体育用品的需求不断扩大，从而促进娱乐体育用品市场继续稳步发展。

（2）体育竞赛表演市场

在体育竞赛市场中，交易的商品是观赏性体育竞赛，运动队、运动员是生产者，职业体育协会、俱乐部、媒体是经营者和经销商，观众是购买者。

（3）体育健身娱乐市场

体育健身娱乐市场为人们提供了参与体育活动所必需的体育器材、场所、技术指导等服务，它们能够满足人们强身健体、娱乐消遣、社会交往等需求。

随着我国居民休闲活动蓬勃发展，居民收入日益增加，体育健身娱乐市场得到了很大的发展。现在，体育比赛中不仅有篮球、排球、足球、羽毛球、乒乓球、游泳等传统体育项目，还有健美操、瑜伽、保龄球、网球、高尔夫球、滑雪等新兴项目。随着人们对健身和休闲的需要，在我国体育和休闲娱乐市场中已经出现了大量拥有较大规模、较高档次和一定社会影响力的健身公司。

（4）体育旅游市场

体育旅游市场最基本的特点是将体育活动与旅游活动相结合，是一种新兴的、时尚的、具有刺激性和趣味性的休闲体育产品。体育旅游的主要类型有滨海度假型、高山探险型、高空冒险型和冰雪运动型。

（5）体育培训市场

运动训练是一个以各类运动训练为主要商品的市场。训练的内容非常丰富，比如游泳、篮球、足球、羽毛球、乒乓球、网球、轮滑、武术、体育舞蹈等训练。任何年龄层的用户都能够接受健身训练，因此，对健身训练行业的发展起到了促进作用。

（三）我国体育产业发展趋势

随着国家经济政策的不断调整，经济、社会持续稳步发展，人们的生活质量日益提高，因此，休闲体育逐渐变成了城市和农村居民日常生活的一部分，并且成为人们的一种生活方式，而休闲体育消费正在变成一种生活消费。休闲运动将是一个新的投资热点。随着国家政策的引导和各级政府对休闲体育的关注，许多投资公司都对这一新兴行业充满了信心，同时拓展了对其的融资途径，在原来的基础上，还将与资金相融合，使得其规模不断扩张，逐步形成一个新的经济增长点。文娱运动的发展更加完善。同时，休闲与体育服务行业所占的比例也将不断提高。对于体育旅游业、户外运动业、高尔夫球产业、滑雪业以及探险、攀岩、拓展、漂流等新兴运动逐渐受到人们的青睐。从“消费升级”的角度来看，我国的休闲运动产业将会为居民提供多元化的消费体验。随着休闲体育服务业的迅速发展，它将会对休闲装备、服装鞋帽等休闲体育装备的消费产生更大的促进作用，同时会为人们的消费提供一种全新的方式，如探险型、时尚型、传统型等，以及高水平的比赛等娱乐型休闲体育产品。休闲运动将和其他产业相结合。休闲体育与休闲农业、观光旅游、文化休闲娱乐等形成跨界、扩散、渗透、互动的关系。在我国体育事业蓬勃发展的今天，如何提高学生的素质，已成为高校学生发展的一个重要课题。未来，我国的休闲运动产业将会面临新的市场需求。

三、体育赞助业的发展及运营

（一）赞助的概念和分类

在国内，对赞助的定义通常是：赞业（赞助者）和公益组织、机构及个人（被赞助者）之间以投入（资金、实物、技术、服务等）和回报（冠名、广告、专利和促销等）互惠的交换关系，是平等合作、互利共赢的商业行为。

体育赞助是企业与体育组织以付出与收获的等值交换为核心而进行的一种平等合作、共同受益的市场营销行为，同时也是一种体育组织、企业、中介机构、传媒和目标观众之间进行的一种商业交互过程。

在此背景下，对休闲运动的经营活动，要有一种“以物易物”的理念。在赞助关系中，赞助方根据赞助合约，为娱乐运动的组织者提供金钱、实物或服务，并经组织者的同意，拥有活动冠名、标志使用、场地广告及媒体曝光等权利。组委会将根据赞助方与组委会签订的合作协议，为赞助方提供场地广告和媒体曝光等服务。

赞助按照不同的标准有不同的分类：按照内容可以分为现金赞助、实物赞助、技术赞助、服务赞助等；按照形式可以分为独家赞助和联名赞助；按照对象可以分为单项赞助、多项赞助、冠名赞助等。此外，还可以根据赞助商所提供资助金额的多少分为完全资助与部分资助，或者根据赞助商具体数量的多少分为单方资助与多重资助。

（二）体育赞助的功能

体育赞助的功能主要表现在对赞助商和主办机构的影响。

1. 对赞助商的功能

（1）提升赞助商及其品牌的知名度

休闲运动是一种很好的娱乐方式，它能满足人们对娱乐的需要，并拥有一群忠诚的观众。随着健康生活观念的逐步深化，人们对于运动的认可度愈来愈高，参加运动的人群也在不断增加。随着各类媒介与平台的大力推广，休闲运动的发展日趋完善，众多赞助企业逐渐进入大众的视野，而赞助企业也在大力扶持这一运动，引起了大众的注意。

（2）美化赞助商及其品牌形象

赞助与品牌形象是企业运作与营销因素的重要组成部分。赞助商的产品形象对于他们组织的各类商业活动有非常强烈的推动效果，借助这个产品的品牌形象，他们能够快速地开展商业活动，并在这个市场中占有一席之地。而在现代社会中，品牌是一项非常有影响力的无形资产。在开发休闲运动的同时，企业要对运动赞助商的自身品牌进行科学管理，从而产生良好的品牌效应。

（3）充当赞助商与潜在顾客沟通的平台

体育赞助商的赞助对象群体比较广，赞助商除了赞助与自己经营项目相关的体育项目之外，还要适当地对其他项目进行赞助，扩大自己在休闲体育领域的辐射力和影响力，为企业的进一步发展奠定基础。

（4）赞助效益优于广告

在赞助商看来，运动娱乐类的赞助一般都有较好的广告效果。传统的广告推广成本较高，但因其自身的缺点，广告效果受到限制。在此基础上，通过赞助商为运动休闲活动中的组织者提供相关的服务及器材支援，能吸引观众的眼球，并快速推广比赛活动。

（5）凸显赞助商实力

赞助也是有等级划分的，当有多个赞助商的时候，排名靠前的赞助商更容易获得关注。有时候，一些具有一定独特性的娱乐运动，可能会出现一个赛事或项目的赞助。赞助商资助休闲运动项目的过程，实际上是一次展现自己实力的好时机，赞助商这种行动可以在无形中对消费者产生影响力，从而促使他们做出购买决定。

（6）激励赞助商内部员工

对赞助商来说，体育娱乐赞助既可以带来一定的经济效益，也可以带来良好的社会效益，可以提高消费者对公司的好感，有利于公司品牌形象的塑造。另外，在赞助的过程中，公司员工能够积极地参加到这些活动中，能对运动的娱乐项目有更深刻的理解，从而更好地研发产品，满足消费者的需要。

2. 对主办机构的功能

（1）获得运营资金

休闲体育的赞助收益是主办机构获得运营资金的重要来源之一，有助于缓解其经费不足的困难，为休闲体育的顺利举办提供重要的资金保障。

（2）树立良好的社会形象

过去，休闲体育面临的一个共同难题是经营创收能力很差，主要依靠形象自然无从谈起。而赞助使主办机构的社会地位上升到与赞助商平起平坐、互惠互利的高度，从而树立良好的社会形象。

（三）体育赞助的特征

体育赞助实质上是赞助商的资金或资源与主办机构的特定权力进行交换的过程，它不同于常规的广告、公关行为。体育赞助商的特征主要表现在以下五个方面。

1. 赞助的隐含性

体育赞助是一种间接的广告传播行为，其诉求点隐含于赞助行为中，赞助商通过赞助休闲体育进行广告传播，可以传达传统广告所不能完全表达的信息。

2. 赞助的依附性

体育赞助依附于休闲体育产品而存在。不同的产品会因受众的不同、社会关注程度的不同而直接影响赞助效果。

3. 赞助营销的整合性

娱乐运动给主办机构带来了许多不同的赞助商，如赛事冠名、特许标志、场地广告、展览和销售。除了使用各种不同的赞助方式之外，赞助商还可以将广告、营业推广、促销和公关手段相结合，发挥各自的优势，形成一种行销方式的传播体系，从而拓宽观众的覆盖面，达到资助的目的。

4. 赞助受众的广泛性

如今，休闲体育已经融入人民的生活中，它的健身、休闲、娱乐、社交等功能根深蒂固，它的观众群体也在持续扩展，任何国籍、种族、年龄和职业的人都能参与其中。而赞助的娱乐运动势必会扩大赞助商的观众覆盖面。

5. 赞助的风险性

运动项目的风险表现为两个方面：一方面，对于娱乐项目的赞助商来说，他们需要大量的投资，而这些投资并不意味着他们能获得更多收益，这就是风险。另一方面，由于企业的赞助是一个非常复杂的经营过程，其中有很多不确定因素，比如天气的变化、突发的事件等，这些都会对企业的经营产生很大影响。

（四）体育赞助的体系

休闲体育活动赞助体系是一项复杂的系统工程，想要深层认识赞助商，必须对赞助体系展开分析，从整体层面对体育赞助商进行研究。

1. 休闲体育的赞助体系

（1）休闲体育主办机构

在此基础上，本文提出了一种以运动娱乐为主要内容的运动娱乐活动组织者的赞助活动。作为一项赛事或活动的组织者，组委会对项目的赛程、赛制、时间、地点等进行全面管理，它在开展休闲体育项目活动过程中发挥重要作用。

（2）赞助商

赞助商可通过免费的资助和服务，来获得比赛的冠名权。从目前的情况来看，赞助需求远远超过了赞助供应，在体育赛事的举办中，赞助商是非常受欢迎的，所以，赞助商在赞助休闲体育赛事或者活动的过程中，要合理地提出自己的要求，以推广自己的品牌。

（3）体育经纪机构（中介）

借助体育中介组织，可使其方便地向赛事组织者申请相应的服务，并且能够通过中介组织的方式找到适合自己的赞助企业。娱乐型运动经纪人是受市场需要驱动而出现的，可以利用自身优势，将赞助商和组织者联结起来，从而实现对其的赞助。

（4）传媒

传媒界又被称为“大众媒体”，其中，传统的“大众媒体”包括电视、报纸、杂志、广播等，而新兴的“大众媒体”则以互联网为代表。通过媒介的推广，大众能对运动有了解，能提高运动的推广效果，这也是赞助商最看重的。由于赞助商要宣传自己的产品，而宣传又需要通过媒介来实现，所以媒介在整个广告系统中起着举足轻重的作用。

2. 体育赞助过程的管理

当今，面对竞争激烈和日益复杂多变的休闲体育市场，主办机构必须精心策划并管理控制整个赞助过程，其管理过程大致可分为三个阶段。

（1）第一阶段：分析外部环境

“外部环境”主要是指那些不属于项目自身可以控制的因素，如经济环境、自然环境和社会环境。

①社会治安状况。我们可以从两个角度来看，微观环境主要指的是一个公司或一个项目所在区域的经济发展水平，它与参与者的参与度存在一种直接的联系。在经济发达地区，其参与度要比在经济欠发达地区好得多，而且赞助商也很乐意资助在发达地区举办的娱乐活动。而在大环境中，则是指总体的经济发展情况、休闲体育产业的发展情况以及赞助商的发展情况，这些都会影响赞助商对休闲运动项目的赞助意愿。

②社会性因素。在社会环境方面，我们主要从文化方面来看，假如一个国家或地区有比较保守的习俗，并且具有很强的影响力，那么人们对于休闲体育的接受度就会受到很大影响，很难达到理想的水准，赞助商也不愿意资助一个没有发展潜力的项目。

③生态环境因素。自然环境对运动娱乐产业的发展有一定影响。休闲

体育旨在使人得到休息，增强身体素质，若项目实施区域环境较差，使人不愿参加，则该项目的推广就会受到影响，赞助商也会因此而放弃对该项目的支持。所以，一个国家或地区在举办休闲体育活动时，必须重视对周围环境的改善。

（2）第二阶段：分析内部环境

本研究中的“内在环境”是指在康乐运动举办单位的经营范畴内，能够对举办单位举办的活动产生影响的各种要素。

根据其发展历程，对其发展的内在条件进行分析，可将其发展阶段划分为发展阶段分析、历史分析和现实分析。

①对组织发展的时期进行剖析。举办单位的成长期，就是要对举办单位所处的成长期、成熟期或衰退期进行剖析，进而有目标地制订举办单位的策划计划。

②对举办单位的发展历程进行剖析。具体内容包括：举办机构过去的经营战略和目标、组织结构、过去几年的财务状况、过去几年的人力资源战略，以及人才的数量及质量等。

③对举办单位的基本情况进行分析。具体内容包括：当前的经营战略和目标、组织文化、各项规章制度、人力资源状况、财务状况、活动项目研发能力、设备状况、市场竞争地位、市场营销能力等。

通过对组织结构进行分析，可以了解组织结构的发展历程、现状、优缺点。这有利于组织单位更好地发挥优势，避免劣势，制订出行之有效的资助计划。

（3）第三阶段：管理赞助过程

组织方在资助活动中的运作，可以详细地分为三个阶段。

①制定一项方案和一种契约。这一步是在规划的基础上，对赞助商的资源进行全面挖掘，突出了赞助商的作用和价值；利用广告和促销活动，吸引企业、社团、营利组织等机构的注意，并对其进行筛选；以谈判、签订合同的方式，确定赞助商的身份。

②实施合约，并对其实施情况进行监控。设立一个执行组织，指定一

个专门的人员对赞助合约中的所有工作进行筹备和实施，将赞助商的所有利益都贯彻到行动中，比如，场馆广告牌的位置、产品的专营摊位、媒体的曝光率等，并对赞助流程进行监管。

③对结果进行反馈、归纳、评估。体育活动的赞助商效应是体育活动对赞助商、体育机构、目标观众以及整个社会产生的效应。在广告宣传效应方面，则是从广告宣传观众的心理效应以及广告宣传所带来的经济效益两个方面来衡量。在此基础上，组织方会根据其在赞助活动之前设定的指标进行评估。借由此回馈及归纳，筹委会与赞助商在下一次合作中会有更适合的筹办策略。

3. 体育赞助的运作与执行

（1）制订赞助计划

①设立资助实施组织。一般而言，赞助商之大小，应依游憩运动之不同。当赞助商决定要资助一项休闲运动时，需要设立相关组织来与组织者联系，组织者也需要设立一个专门的组织来与赞助商联系。通常情况下，赞助商将由财务部、营销部等部门的工作人员构成，而主办单位将设立赞助处。

②制定支持对象。制订资助计划就是选定特定的资助计划，资助计划必须明确、具有可操作性，并且可以量化为易于实施和监控的具体指标。其内容包括制定资助目标，评价资助的项目，确保资助的品牌和推广效果。

（2）选择并接触目标赞助商

要找到适合自己的赞助商，就必须按照公司的名单来分类，然后结合公司的运营情况分析赞助商意愿。通过对赞助商进行分类，可以更好地理解赞助商，从而找到与赞助商最相配的活动组织者。

组织方在联系赞助商之前，要做好充分的准备，还要制订应对方案，让赞助商感受到自己的真诚。另外，组织方应选择合适的访谈时间，充分理解赞助商的需要，以便有针对性地提出相应的对策。

（3）签订赞助合同

一般来讲，娱乐项目资助协议由三部分构成：一是确认信，二是协议，三是正式合约。前两部分属于口头协议，不具有任何法律约束力，最后一部分则属于正规协议，是受法律保护的。在目前的体育赞助商合约中，更多的是以正规合约为准。

（4）实施赞助过程

在合约执行阶段，组委会的工作重点是履行与赞助商之间的协议条款。通常在合约执行期间，双方都会有专人跟踪合约执行进度，组委会需要给出精确的进度和方案，使合约的条款一步一步地执行。在我国体育赞助商与企业之间，经常会出现组织者违约行为，造成企业与企业之间的矛盾，进而对企业与企业之间的合作及企业声誉产生不利的后果。在法治社会中，当事人必须严格遵守契约，并承担相应的责任。

第四章　学校体育与社会体育管理

第一节　学校体育管理

一、学校体育管理概论

学校体育经营是指为达到教学目的而采取的一系列措施。学校体育管理的目标是加强学生的身体素质，提高他们的终身运动意识和技能，让他们德智体全面发展，以适应社会主义的需要。

（一）学校体育管理的目标与任务

1. 学校体育管理的目标

在高校体育教学中，体育不仅是一种教学方法，更是一种教育方式。通过体育教学，学校能够加强学生的身体素质，提高他们的终身运动意识和技能，使他们在德智体全面发展的同时，能够适应社会主义的需要。在体育教学中，也存在不同程度的分层。以学校体育总目标为中心，以各个体育工作的特征与要求为依据，可以将其分解成下一个层面的目标，比如，体育教学目标、课外体育锻炼目标、课余运动训练目标、课余运动竞赛目标、学校体育教学目标、科学研究目标等。各目标之间相互协调，才能达到总目标。在此基础上，本文提出了一种新的、有针对性的教育教学方法。所以，对学校体育进行管理，其重要的目的及任务就是要运用各种管理职能，对资源进行有效整合，使其最大限度地发挥对资源利用的价值，从而保证各项学校体育目标的实现。

2. 学校体育管理的任务

在此基础上，本文提出了一种新的教育理念、新的教育模式、新的教学模式；建立并完善了学校体育各个层次的管理组织，制订了一整套相关法律、制度，并对相关管理组织和工作人员进行了具体规定；科学制定各项规划、档案，以满足学校体育工作的要求；对学校体育活动的各个方面和各个环节进行科学的组织和管理，以达到低耗和高效的目的；对学校体育的各个管理部门和学校体育内外的各种关系进行协调，为学校体育工作的正常进行提供必需的物质技术基础，并营造良好的育人环境。通过对学校体育工作的经常性或非经常性的监督评价，推动学校体育工作的持续发展，也促进学生身体素质的提高。

（二）学校体育管理的特点

1. 教育性

学校体育在教学中对学生有至关重要的作用，所以，在对学生进行教学时，学校应强调“以人为本”，充分调动师生和各级行政人员的工作热情，以达到提高教学质量的目的。在制定和实施各项有关体育的法律和制度的时候，必须把思想政治工作融入整个学校的体育工作中，尤其是对学生的体育工作，必须把“育人”作为第一要务。

2. 方向性

方向性就是在学校体育工作中，要始终以马克思列宁主义、毛泽东思想、邓小平理论为指导，把党的教育政策落到实处，使之能够更好地服务于学校教育工作的总目标。为此，各级学校体育工作者必须认识到：为社会主义现代化事业发展提供高素质的“四有”人才是学校的根本目的和使命，要把体育放在学校工作的重要地位，要把它和其他各项教育联系起来，使它们相互配合，发挥综合作用。

3. 阶段性

首先，大学生在各个年龄段都存在发展的阶段性特征；其次，由于学校的各项工作都是以学期或学年为单位开展的，上下两个学期的课程内容各不相同，这就决定了每个学期的工作要有自主性。所以，对不同学期和不同年龄段的大学生进行的教育，要体现出一定的阶段性特征，应采取不同的教育方法。

4. 系统性

学校体育是一个动态的、复杂的、不断变化的体系，如果得不到有效的处理，将影响其正常发展。要使这一制度有效运行，就要持续提高其运行效率。要做到这一点，就必须构建一套强大的综合体系，健全各项制度和控制手段，持续地获取各类管理信息，并对其及时反馈，从而保持学校体育管理系统的动态、良性发展。

（三）学校体育管理的原则

1. 整体性原则

在高校体育工作中，要围绕“德智体全面发展”“三位一体”的要求，做好各项工作，使高校体育工作在高校中的地位得以确立。不仅要避免对体育在学校教育中的功能进行片面的夸张，还要使其在发展学生身体、增强体质、培养学生意志品质、形成良好校风、活跃校园文化生活方面的功能得以充分发挥。要从总体上统筹好学校体育工作的各项关系，处理好体育教学、课余体育训练、体育锻炼及运动竞赛之间的联系、相互制约的关系，要充分发挥其作用，结合不同时期学校的任务及实际，突出重点，以实现学校教育目标。

2. 计划性原则

学校运动方案是对学校各项工作进行详细的布置和策划。计划管理需要对整个学校体育体系进行统筹安排，做到由大到小，统一规划和执行。从宏观上讲，要把《学校体育工作条例》作为指导方针，制定相应的实施办法，并对各项工作进行细化；从宏观层面来看，要对各个环节的具体工作和职责进行界定，并结合高校现状和对高校总体管理的需要，制订一套完整的执行方案并付诸实践。规划是企业经营活动中的第一个步骤，制定规划时必须遵守一定的规则。

3. 导向性原则

高校体育工作的目的是实现“育人”这一重大使命。按照德智体全面发展的新时代要求，学校要针对每一个时代的教育侧重点，制订相应的教育教学计划。所以，学校体育管理系统，也就是它的子系统，应该根据各级政府及相关部门制订的阶段发展计划，并与每个时期（阶段）区域内的学校体育发展状况相联系，从而制订出与之相适应的对策和方法。

4. 可控性原则

所谓“可控”，就是要在实现目标的同时，对其进行持续的检查、评价与控制，以确保整体工作的平稳进行。对学校体育管理的控制，主要采用的是检查和评估的方法，从而找到在实现目标的过程中，有什么工作可以完成，有什么工作在执行中存在问题，还可以在哪些工作上进行改进。当评价的结论和建议被反馈给政策制定部门时，需要对其中存在的问题进行修改，使得最初制定的目标更具现实意义。比如，在进行体育教育的时候，老师会按照预先设定的方式对学生进行训练，利用对学生的训练来对他们进行初步评估，然后以他们对训练内容的理解为依据，适时地对训练方式进行调整或者修改，这样才能更好地达到教学目的。

（四）学校体育管理体制

学校体育管理体制是指学校体育的管理机构设置、权限划分、管理制度等的总称。建立与健全学校体育管理体制是保证政令畅通、充分发挥各方面积极性的重要措施，也是为学校教育提供组织保证的重要措施。我国学校体育管理体系可分为政府行政部门、社会体育组织、学校体育组织三部分。

1. 政府行政部门

（1）各级教育行政部门

学校体育健康和美育部门是学校体育工作的领导机关，对学校体育工作进行指导、监督和检查。它的主要工作包括：制订学校的整体发展计划和发展目标；制订并监督各项规章制度和管理办法；批准并发布《运动课程纲要》和《运动课程》；确定高校体育的人员编制和经费分配；对体育教师、卫生人员进行培训；主持并举办国家大学生运动会，组织参与国际大学生比赛；负责对校内体育研究单位和社团组织的工作；组织高校体育发展策略的制定和国际间的学术交流。

各级教育行政部门都设有相应的体育管理机构，包括省级、市级、县级和乡级，以确保体育事务的有效管理。

全国的高等院校、高职院校、中等师范学校、教育（学校体育）科研所，都是国家体育教育和科学研究的主体。学校体育是体育教育的重要组成部分。

（2）国家有关局、部、委及各级地方局、委主管学校体育管理的部门

在国家体育总局的群体运动处，设立了一个统一的、负责指导和组织的机构。另外，各相关部门也设立了一些部门，并配备了工作人员，负责学校的体育工作。各级地方体育局和地方委员会也都设立了专门的组织和工作人员，并对其进行统一管理。

2. 社会体育组织

在中国，高校体育社团主要包括中国教育家协会和学校社团两大类。其中，中国教育家协会是由中国运动科学家协会和中国教育家协会共同组成的。学校社团是由学校所属的学校社团组成的。各省、市、自治区，地、市、县教育部门或体育部门通常都有与之相对应的学校体育的科研机构，其职责包括：进行学校体育的学术交流，研究现状及发展课题，普及与调查工作，提出咨询意见，举办培训班，推广研究成果，进行国际学术交流等。

其中，大学生运动组织为“国家大学生运动会”和“国家中学生运动会”。在我国，大学生和中学生的运动社团已经在全国范围内相继成立，而这些社团的最基本组织形式就是大学生运动社团或学生运动社团。高校大学生运动队的主要工作是：积极开展全民健身活动，提高大学生的身体素质；选择符合要求的学生参与课外体育锻炼，发掘并培养体育后备力量和杰出运动员，组织全国性大中学生体育比赛，对学校课外体育锻炼工作做出评价，并对各级体育老师进行培训；承担国际大学生体育联合会的相关赛事工作，参与国际大学生体育竞赛及国际间的体育活动。

另外，在我国，各种社团和运动组织都建立了一些专门的指导、研究

和协助学校运动的制度。

3. 学校体育组织

（1）学校体育管理的领导系统

①学校体育工作由校长或副校长承担。其主要工作包括：制定和实施学校体育工作总目标，制订实施方案；强化对学校各职能部门的组织领导；定期对校内校外学生进行体育锻炼；依据中小学的大小和布局，建立适当的中小学体育师资队伍；重视对高校体育教师工作的关怀，加强对其政治、思想、专业素质的培养；加大对高校体育工作的宣传力度，提高对高校体育工作的认识，提高高校体育工作人员对高校体育工作的重视程度；对开展学校体育工作给予所需的物资保证；充分发挥共青团、少先队和学生会的作用，共同做好学校的体育工作。

②学校体育部或教务办公室（教研室）的主要职能有：在学校的领导下，负责学校的体育工作；建议学校各部门负责人向学校领导汇报；组织学校的体育课及课余活动；对学校的各项工作进行监督和指导，并提出教学改革的对策；定期组织高校体育教师进行培训，使其在思想和政治上都有较大进步；对学生进行身体素质检测及体检；对学校运动方案进行研讨。

③财务部、后勤管理部（普通管理部）的主要工作包括：对学校的运动资金进行统筹调配，并购买所需的运动场地和设备；负责施工现场的建设与维护，设备的维护；教育物流支撑着学校的各项工作，真正达到了为学生提供服务的目的。

（2）学校体育管理的组织实施系统

体育教学部门具体负责全校的体育工作，其主要职责包括以下几个方面。

①按照国家的体育政策、上级机关的体育工作计划、文件精神，并与校内各相关单位共同制订体育工作计划及相关规定，报请校内主管批准；定期将工作情况报告给校方。

②在各教学部及教研室（小组），积极组织政治及业务学习，严肃开展教研活动，指导教师做好课程准备，并对指导教师的授课及学习情况进行

定期考核；积极组织和参与学校的体育教育，对他们给予足够的关爱，使他们充分发挥积极性。

③精心安排并指导晨练、课间操及课余运动。

④加强课外运动锻炼，并在学校内、外组织各种运动比赛。

⑤加强对大学生的卫生与健康教育，配合校医对大学生进行身体机能与素质的检测，并编制大学生健康卡，以达到提高校园运动水平的目的。

⑥配合财务部及后勤处，做好场馆设备建设、采购、维护及保管工作。加强对同学们的关爱，鼓励师生自己制作运动装备。

⑦加强对学生体育知识和技能的普及，并大力培育学生的体育素质。

体育教师是学校体育工作的具体执行者，他们的工作直接关系到学校体育任务的完成情况。因此，明确体育教师的职责有重要意义，其主要职责包括以下几个方面。

①对马列主义、毛泽东思想、邓小平理论、国家教育和体育政策进行深入研究，并对党的教育工作产生深厚感情。具有良好的学习习惯，能够有效地提高学生的身体素质和心理素质，并顺利地完成各项工作。

②按照上级的相关要求和学校的运动规划，仔细学习课程内容。

③通过对学生及教师的调查，制订各项运动训练方案。

④精心准备，力求做好体育教学。在专业知识的培养和科学的培养上，努力提高自己的教学水平。做好晨操、课间操、班集体操，抓好学校队伍建设，组织好学校的各类比赛。

⑤配合校医对学生开展常规体检，并对其进行持续的身体素质、功能测试，在此基础上，制作学生健康卡。

⑥配合相关单位做好场地器材建设、采购、维护和保管工作，对同学们进行爱惜公共物品的教育，并带头指导同学们自己动手制作运动器材。

⑦加强对学生的思想政治工作，注重学生的思想政治素质的提高。

⑧为人师表，教育教学，关爱、发展。

⑨对工作进行及时的总结和反思，并主动提出合理的意见。

班主任是班级的组织领导人，对学生的全面发展负有直接责任。班主任的工作职责包括以下几个方面。

①“三育”齐抓共管，由班干部指导同学们积极参加健身活动，并对参加的活动进行严格考核。

②通过对运动过程中不同时期（年龄、性别、发育等）以及运动过程中的运动行为特征的分析，建立运动过程中横、纵两个层面之间的关系，并以此为基础构建运动过程的分析模型，然后以此模型为基础，以运动过程为主线，构建运动过程的数学模型。

③充分发挥学校的体育特色，加强对学生的德育工作，营造良好的班级氛围。

④主动参与健身活动，树立良好榜样，配合学校体育老师做好各项工作。

（3）学生体育活动组织

学校少先队、共青团、学生会、学生体协（体育俱乐部）是开展学校体育工作的最重要活动组织。它的主要责任与使命如下。

①按照学校和体育教师的相关工作要求，开展各类体育锻炼和体育训练活动。

②做好校园运动教育的工作。

③在学校体育教师的领导下，进行多种形式的体育锻炼，在班内组织比赛，做好学生的志愿工作。

④从体育社团中遴选出杰出的运动员，并作为体育干部，参与社团的组织与管理，发挥社团的主心骨与示范作用。

二、学校体育管理的基本内容

（一）体育教学工作管理

体育教学是学校体育工作的重要组成部分，也是实现学校体育目标的基本途径。学校体育教学管理的目的是提高教学质量，确保体育教学目标的实现。体育教学管理的主要内容包括体育教学过程管理、体育教学管理评价以及体育课成绩考核管理。

1. 体育教学过程管理

体育教学过程是指师生为共同实现体育教学任务而进行的双边活动过程，其内容主要包括教务管理、课堂管理以及意外伤害事故管理。

（1）教务管理

教务工作是班级组织、课程安排、教师任务分配等一系列重要的基础工作。教师在编制班级时，要注意男生和女生的比率，对身体素质好和体质弱的同学进行合理分组，每个班级的总人数不超过 50 人。从体育教育的特征及学生的生理特征出发，将体育课设在早上的第 3 节及中午，并保证同一班各节体育课的相隔时间是合理的。计划相同的内容应该统一编排。体育课会受气象和其他客观条件的制约，所以教师在教学上要有一些灵活性，还要预留一些理论学习的时间。课程安排好之后，下发到体育部门，然后分配到每个教师身上。

（2）课堂管理

课堂管理包括备课管理、上课管理、课后结束管理。

①备课管理。在准备工作中，要对教师进行针对性的准备工作。在准备课程的过程中，体育教师要按照教学大纲的要求以及学校的相关规则来编写教案，要将体育基础、体育骨干、伤病情况等考虑进去，还要将场地、器材的实际情况等考虑进去。要做到语言简洁、准确，教学方法灵活适宜。

②上课管理。在体育教育方面，教师要给予足够的重视与帮助，并有相应的条件，要经常到课堂上去看课、听课，强化对体育教育的监督，还要营造良好的教学氛围；在体育教学中，体育教师扮演着“教育家”和“管理者”的角色。对体育教师进行的管理工作具体包含以下内容：建立课堂常规，掌握好课的合理分组，掌握好课的运动密度强度，运用好教学方法、手段，运用好场地器材，做好安全措施，充分调动学生的积极性，并对教师自身和学生的服饰进行规范等。

③课后结束管理。课程结束，做好课堂总结，布置好下一节课的工作，并安排同学们收拾好东西。

（3）意外伤害事故管理

在学校中，因参加体育教学和训练而造成的伤亡，应当受到法律的保护。“学校体育课”是指学校开展的与学校体育课有关的时间。人身损害是在法律规定的范围内，对人体造成的肢体残疾、组织器官功能损害以及对人体造成危害的一种损害。在学校运动伤害的处理上，一是要加强“以防为本，以安全为本”的观念和方法；二是要加强对人员伤亡的现场处置和管理。

①防止发生人身伤亡的对策。其中，最基本的内容是：学校要按照国家、省、自治区、直辖市的相关要求，保证教育、教学和生活方面的设施设备符合安全要求；学校负责指导、督促教师、职工依法行使职责，并视具体条件对可能给学生造成危害的事件做出相应的防范和排除。根据学生的生理、心理和教育特征，制定并健全各项管理与保障制度；学校应建立相应的安保制度，确保学生的体育锻炼等正常进行；在大型体育赛事中，必须对赛事组织者开展必要的赛事安全审查，并对赛事组织者提出更高要求。

②对人员伤亡事件进行现场处置和管理。第一，要对意外伤害事件进行准确的分析和判断，并采取适当的救治方法，轻微的可以直接到医务室进行救治，严重的或有生命危险的要马上送到医院进行救治。第二，要有信息传递的能力。如果发生了严重的意外伤害事件，应该马上向家长、学校领导以及当地的公安机关或者相关单位报告，要报告事故发生的时间、地点、原因、后果以及处理方法等。第三，将发生的意外伤亡情况如实记录下来。材料要真实可信，要有证人、有证据。如果是因为意外而导致的严重的人身伤亡，笔者建议由当地的法医出具鉴定书。

2. 体育教学管理评价

体育教学管理评价是根据特定的标准，对体育教学管理工作和体育部、体育教研室（组）工作的效率和质量进行的一种客观判断。如何提高体育教育工作的管理水平，是各高校（尤其是教务处）和体育部、体育教研室（组）管理者十分关心的问题。高校体育教学管理评价是一种行之有效的方法。这主要是因为：对学校进行评价，能够得到学校的相关资料，帮助学校管理者及时找到并解决学校管理中存在的问题，从而使学校管理工作得到持续改善，进而提高学校管理质量；在对体育教学管理进行评价的过程中，能够将相关信息及时反馈给教师、学生等，从而激发他们的学习热情，提高体育教学的质量和效果。学校之间的评价，能够使学校之间进行水平对比，互相借鉴，促进合作，促进各学校的发展；向领导机关提供相关资料，使领导机关能够更好地制订决策并开展工作。

高校体育行政评价可分为学校内部评价和学校外部评价两种类型。学校内部评价是指学校自我评估，旨在提供与体育教学管理相关的资料，以提高管理水平，并为决策提供依据。同时，它也可以检查和督促教师及场地器材管理人员。这种评价通常每年进行一次。学校外部评价指的是由上级相关部门或者兄弟单位组成的一个评估组进行的评价。这种类型的评估，其目标是对学校内部的教育、科研等方面进行全面调查，并对学校内部的教育、科研等方面进行深入研究。这种评价所需的劳力更多，每二至三年开展一次。

3. 体育课成绩考核管理

学生体育课成绩考核管理是体育教学过程管理的一个重要组成部分，可分为体育教研室（组）对成绩考核的管理和体育教师对成绩考核的管理。

（1）体育教研室（组）对成绩考核的管理

体育教研室（组）根据体育教学大纲和教学计划，结合学生情况，制定体育课考试内容、标准和评分方法，对小组体育教学成果进行考核，并向教学管理人员报告考核结果。

（2）体育教师对体育课成绩考核的管理

根据校方及各体育部门的相关规定，认真做好各项体育教学成果的评估工作；熟悉考试方法和标准，能够客观、公正、准确地进行考试，并将考试结果记录在案，按照要求向学校和相关部门报告；对挂科考生给予补考机会，并对其跟进。

（二）课外体育活动的管理

课外体育运动是指在普通高校开展的一项有计划、有目标、有组织的运动。它以教师的教学为前提，与教师的教学互相促进、互相补充。为此，必须加强对学生课余体育锻炼的管理。

1. 课外体育活动管理的内容

课外体育活动管理包括早操、课间操、班级体育锻炼、体育节等内容。

（1）早操、课间操的管理

早操主要包括：广播操、眼保健操、健身操等，还可以进行跑步、太极拳、武术、气功、各种球类的基础动作练习，同时进行一些比较放松的运动。

做一次晨练 15~20 分钟是为了避免出现身体负担过重的情况，避免对文化课产生不利影响。

在晨练时，要结合本校的具体条件，选择合适的方式。在场馆设施布置上，可以采取集中式和分散式两种方式；在内容的选择上，可以进行统编与自主选择；在工作方式上，要注意学生干部、班主任和体育教师的协作；在考核工作成效方面，可以采取日常出勤和随机检查两种方式进行考核。

课间操是教师和学生共同参与的一项体育运动项目。一般为 15~20 分钟。虽然在每节课之间有 10 分钟时间，但是没有强制要求参加运动，但最佳的休息方式是适度的体力运动，进行主动式的放松，这样才能最大限度地减少由于静坐而产生的负面效应。对此，对学生进行体育锻炼，能提高体育锻炼的质量。

在开展晨操和课间操时，必须把“两操”安排在第一位，严禁以各种借口挤占“两操”；由班主任和任课教师共同组织晨操和课间操；要重视高校学生干部队伍建设；要加强对大学生“两操”活动的宣传，提高大学生对其重要性的认知，并将其转化为一种自觉行为；可以利用会操表演和竞赛等形式来提高“两操”水平。

（2）班级体育锻炼的管理

班级体育锻炼是以班级为单位，分小组进行的体育活动，需要班主任和体育教师的引导。课余时间较长，活动量较大，可以与体育课程内容、学校常规运动、简单易操作的非正式运动、游戏和课外体育活动相结合。

（3）体育节管理

我国的体育节大致分为两类，即“体育周”“体育日”（卫生日）。

“体育周”就是把每周一次的课余活动，在每个星期的午后，开展各种形式的宣传、教育、健身和竞赛活动。例如，体育专题报告，体育讲座，体育知识竞赛，体育表演，体育比赛等。这种活动有很强的节庆氛围，能激发同学们的学习热情，使其广泛地参与到活动中。它对于拓宽大学生的知识面、提升大学生的身体素质、激发大学生的运动热情具有重要的现实意义。要将“体育周”纳入学校的教学规划中，要建立相应的指导组织，要各方大力支持和合作，要做好前期的筹备工作。“体育周”活动结束，必须做好各项工作的总结。

“体育日”通常是指在特定的节庆或体育情势（国际、国内重大体育事件）的基础上，选择一天或一天的特定时段，以体育为主要内容，对学生进行体育教学与训练。通常情况下，我们可以在学校范围内开展，还可以在班级内开展，也可以在小组内开展，这样才能最大限度地调动同学们的热情和创造力。

（4）节假日体育管理

要充分发挥假期的作用，校园里的各种活动可以将已有的各种场所和设备的作用最大限度地发挥出来，使之符合同学们的兴趣和爱好。校园以外的各种活动，包括郊游、旅游、登山、游泳、徒步旅行、野营等。开展此项运动，必须强化领导，确保各项工作顺利进行。

2. 课外体育活动管理的基本要求

（1）管理者要重视

充分发挥学校体育部（体育教研室）、班主任、卫生教师，以及共青团、学生会、少先队等部门在课外体育活动中的作用，切实把青少年儿童身体健康放在教育、体育工作的重要位置。

（2）加强学生组织建设

构建适应不同需求的课余运动机构，调动社会各方积极性，为学生提供组织保障；重视培育与利用大学生体育骨干，调动大学生的积极性与主动性。

（3）安排好时间以及提供必要的场地、器材、设备与物质保证

要安排好时间，保证学生每天有一小时的活动时间和相应的场地器材，加大学校体育场地设施建设力度，新建学校要按国家标准建设体育场地。

（4）积极开展各种活动与比赛

各级教育、体育行政部门及各种社会组织、公共体育场馆都要组织形式多样、丰富多彩的课外体育活动及比赛。要解决目前高校大学生身体素质方面的问题，提倡和大力发展一些简单易行、具有较高锻炼价值的运动项目——短距离跑步。

（5）加强宣传

在思想政治工作中，要突出重点、注重现实、注重形象、注重形式。宣传的主要对象是学生和家长，要让家长们对体育锻炼有充分的理解，从保障学生的身体健康发展入手，应该是"身体健康，学习第二"，让家长们更好地监督自己的孩子，使他们积极主动参与到体育活动中。要向学生普及课外体育活动的科学性知识，并积极引导学生自愿、自觉地参加课外体育锻炼。

（6）建立必要的规章制度

要使课外体育工作持久有序地进行，要不断完善有关法规制度、考勤制度、检查评比制度和定期测验制度等，使学生参加课外体育活动得到制度保证。

（7）加强医务监督

加强课外体育工作的医务监督，保护学生健康，保证课外体育活动顺利进行。

（三）课余运动训练与竞赛管理

开展课外活动，提高学生的综合素质。科学地开展课外运动训练和竞赛对学校体育工作的开展和目标达成产生重要影响，可提高学生运动技术水平，培养群体体育骨干，筛选体育后备人才。

1. 课余运动训练管理

课余运动训练是指教练在课余时间，对具有体育天赋的同学开展针对性培训，使其体质得到充分发展，能够持续地提高自己的专业水平，并以此来培养自己的体育骨干。这是对我国教育方针进行全面落实、实现学校教育目标和体育目标的一种主要手段，也是我国体育运动普及与提升的核心环节。

（1）课余运动训练管理的特点

①针对性。针对学校和学生的课外体育锻炼的管理，有别于其他形式的体育锻炼的管理，在制定、组织和实施过程中应将之纳入其中。

②基础性。大学生的思想作风、品德品质、身体机能等都处在塑造和发展阶段。为此，在干部队伍建设中，应从夯实基层入手，强化干部队伍建设，促进干部队伍的全面发展。

③课外性。主要集中在每日下午的文化课程结束后、周日和节假日进行锻炼。这就需要教师在制订和实施计划时，充分考虑学生课外活动的特殊性。

（2）课余运动训练的组织形式

①校内体育队伍。它由班级队伍、年级队伍和校内队伍组成。在中国，业余体育是最普遍和最广泛的体育锻炼方式，也是体育锻炼制度的基石。它的主要目标是：使学生的身体素质得到全方位发展，打好思想、身体、技术、战术等方面的基本知识基础，逐渐提升专项运动技术水准，促进学校群众性体育活动的广泛开展，为我国培养并输送体育人才。

②传统体育院校。它是在学校中进行课外锻炼的一种行之有效的机构。其基本内容是：在群众中推广传统体育运动，促进传统体育活动的发展；对具有一定竞技特长的运动员进行培训和输送。一般情况下，传统体育院校主要集中在小学、初中以及乡镇上，还集中在田径和当地的重点项目上，由全国的教育和体育主管部门进行分类、分批申报并核准，然后发给相应的证明。为了鼓励竞争性和提高利益，认证期限通常为 3 年。

③以群众体育运动为主，注重一两项传统体育运动，以群众体育运动

为主的运动场；各县级市的体育与教育两个单位，按照实际情况，统筹规划、统筹安排。还有一些基础训练点，依托于一所重点院校，吸纳周边院校具备培训能力的学员进行培训，一般情况下，也会将参与培训的学员编入一个班级，以便对教学训练工作进行统一调度和管理。

④“体育后备人才实验学校”是一种尝试性的体育锻炼方式，旨在通过系统的、科学的运动培训，提高学生的运动技术，培养优秀的体育运动人才，促进学校群众性体育运动的广泛开展。

2. 课余运动竞赛的管理

课余运动竞赛是指利用运动项目和游戏等活动，充分利用课外时间，在校内或校外组织学生进行的各种运动竞赛活动。课余运动竞赛是学校课外体育的重要组成部分，是推动学校群众性体育运动广泛开展、提高学生体质和运动技术水平的重要措施。

（1）课余运动竞赛的形式

学校的课余运动竞赛分为内部和校间两种，内部竞赛由体育部或专业机构组织，灵活多样；校间竞赛由高级学校领导组织，地点通常在地方或地区附近。中、高职院校的运动比赛，一般在各省、自治区、直辖市举行，或者在各部委（委）和所在地区的运动协会举办。全国中学生运动会和个人项目比赛通常安排在寒暑假期间举行。如果有特别原因，应由组委会报请全国教育部同意后在非假日期间举办。

（2）课余运动竞赛的组织与领导

学校应该在主管体育工作的校长的直接领导下，由各个相关部门和人员 [体育部（教研室）、财务处、学生处、后勤处、总务处、卫生室、共青团、学生会等] 共同参与，并形成一个可以对体育竞赛工作进行组织和指导的机构。

①学校体育比赛组委会。竞赛组织委员会的人员通常包括：党，政，工，团，体育部（教研室），学生处，财务处，后勤处，总务处，学生会，医务人员等。他们对比赛工作进行全面管理，制订各项方案，批准相关的报告、通告等。在组织委员会的指导下，可以建立相应的工作组织，如大

会秘书处，宣传部门，竞赛小组，后勤部门等。

秘书处作为组委会的常务机关，负责召集委员会，贯彻委员会的决定，对竞赛工作进行监督和指导，制定竞赛工作进度表，帮助相关部门开展工作，并对会议期间的各项工作进行指导等。

宣传部门主要承担思想政治工作和新闻报道的任务，组织制作黑板报、墙报、广播宣传，及时发放相关的文献。

竞赛小组是竞赛活动的核心，其成员以体育教师为主。其负责制定竞赛规则，安排竞赛活动，做好竞赛结果的登记，对竞赛结果进行审核，并在竞赛过程中召集相关人员，对竞赛过程中发生的相关问题进行处理。

后勤部主要承担资金预算的制定、赛场装备的保障、医疗保健、预防受伤、抢救等方面的工作。

②体育系（教学研究处）。各种球类、广播操、健美操竞赛等活动，通常都由体育科（教研室）牵头，并与班主任或年级主任共同开展，并由体育教师单独主持。

③建立团委和学生会。为提高学生的自理能力，由共青团、学生会、少先队等学生群体，在体育教师的协助和引导下，开展跳绳、拔河、踢毽子、登山、越野跑、接力跑等简单易操作的群体竞赛活动。

④班级的管理。由各班教师及各班运动委员共同主办，开展各式各样的小规模竞赛。

（3）课余运动竞赛的基本要求

①确定课余运动竞赛的目标。高校开展课余运动竞赛，是对受教育者进行素质教育的基本要求。体育比赛应推动学生的全面发展，促进他们的终身体育观念和能力的形成。应根据本校的具体情况，采取灵活多样，广泛接受，以基层为主，勤俭节约的方针。

②加强对学生的思想政治工作。要通过各种形式的媒体，对比赛的意义、作用和各类体育常识进行广泛普及，并对比赛中出现的好人好事进行报道，尤其是对成绩优异的“三好学生”和优秀运动员进行报道，为高校的赛风、学风起到表率作用。与此同时，对比赛中出现的不良风气和不良

现象，也要及时进行批判和阻止。

③要保持业余化、常态化的竞争意识。学校体育比赛应尽可能安排在假期及课余活动中。根据体育活动的特性，结合天气、季节等因素，制订一套比赛方案，并将其制度化。另外，在项目设置、竞赛方式、标准制定上，也要充分考虑到符合学生特征的问题。在春季和秋季，尽量多组织一些体育项目，如有必要，可以组织越野跑、象征性的长跑、拔河、跳绳、武术、轮滑等。夏天可以举办各种游泳赛等，让校园里的活动时时不停，小而多。

④体育部、体育教研室（组）要以学校的领导为依托，以广大人民群众为基础，在主管校长的直接指导下，积极开展并做好各项比赛工作，主动向上级报告比赛活动的计划安排、工作进度以及出现的问题。并与总务处、教务处、卫生室、学生会、共青团等相关工作单位保持良好的沟通与合作。体育协会、共青团和少先队等社会团体在比赛工作中发挥着重要作用。要按照各种竞赛的要求，在课余时间对运动的中坚力量和裁判员进行训练，提高他们的专业水平，对工作方式、工作要求进行统一，对各自的工作做出分工，并开展实地演示和实践活动。

⑤要把业余时间的竞技比赛和体能训练有机地联系起来。比赛是中小学课外运动的一种形式。尽管体育教学具有多种功能，受到广大教师和学生的喜爱，但是在学生和教师中开展体育教学比赛却是不可取的。如果可能的话，在学校举办体育比赛的时候，应该尽量避免占用课堂教学时间。要将竞赛和体育训练相融合，在体育训练中融入体育训练，使体育训练更好地服务于体育训练，从而促进体育训练。为此，在时间和资金安排上，要统筹考虑，让比赛带动学校的运动训练。

⑥精打细算地举办比赛。在学校课外体育比赛中，尤其要注重实效性和节俭性，将所有可以节约的费用都节约下来，尽量用最低的成本组织比赛，并将有限的资源用于改进场馆和设备。也要根据比赛场地和资金等条件，尽可能提高比赛的群众基础。

（四）体育教师的管理

1. 体育教师管理的主要内容

（1）教师队伍规划

对体育教师队伍的数量和结构，要在科学预测的基础上，制定长期的综合性发展规划。内容一般包括通过科学预测，确定各项计划指标，制定实现计划的措施，对现有体育教师数量、结构、能力等指标进行分析。

（2）教师编制

根据学校规模和规格、体育教育任务，制定岗位规范，确定体育教师配备数额，制定合理的编制。

（3）教师使用

按照用其所学、用其所长、量才使用的原则，根据学校体育教学、训练、科研等工作的需要，对体育教师进行合理的组织、调配和激励，最大限度地发挥每个体育教师的才能。

（4）教师培训

教师培训分为两种，一种是岗位培训，另一种是针对体育教师在岗位工作中必须掌握的基础知识和技术，根据人才素质的要求，有针对性、有组织地开展培训。后者是通过指定专人传帮带，利用业余时间自学，或者进入函授、夜大、电大进行脱产、半脱产学习，不脱离原岗位，参加学习培训的一种形式。

（5）考核和晋升

建立、健全体育教师的岗位责任制、教师工作量制度、业务档案管理制度和考核奖惩制度，为体育教师考核工作的制度化、规范化打下基础，并在全面考核的基础上做好体育教师的晋升工作，以达到合理使用人才的目的。

2. 体育教师队伍建设

（1）体育教师队伍建设的目标

教师队伍建设的目标是要建立一支能够坚守正确政治方向，数量适度，质量合格，结构合理，富有朝气的教师队伍。在我们社会主义教育事业中，需要有一种坚强的信念，那就是让教师们对自己的社会主义国家充满激情，要遵守四个基本准则，要有对马克思列宁主义、毛泽东思想和邓小平理论的忠心，要对社会主义教育事业保持赤子之心，要树立榜样，要做一个好老师，要在教学中做到最好。“量”是指体育师资力量与办学规模相符；高素质的条件是：具有较高的思想政治素质、较高的专业素养、较强的教学科研能力和较好的教学效果；教师的素质是指教师的年龄、学历、职务、专业、智力、性格等因素的组成。

（2）教师队伍建设的具体指标

教师队伍的数量、质量、结构和师资队伍的培养与学校的发展规模相适应。

（3）教师队伍建设的实施措施

①在确立了师资的培养目标后，要制订相应的行动计划。

②要做好师资“进入”环节，抓好师资队伍建设。

③要加大对高校中、年轻教师的培训力度，制订培训计划，确定培训措施。

④加大科研队伍的建设力度。

⑤完善评估体系，做好评估工作。

⑥加强对师资力量的调适。

⑦加强经营。

3. 体育教师的培训

体育教师培训是一项旨在提升高校体育师资素质的专项教育。体育教师培训的方式有短期培训班、教材教法合格证书培训班、专业合格证书培训班、学历证书学习班(含中师班、大专本科班)、助教进修班、研究生课程进修班、岗位练兵等。可以采取脱产、半脱产、函授、电大、夜大、自修等多种形式开展培训。

对在职体育教师进行培训的组织部门有：

①高等师范学校和体育学院的体育部。

②继续教育学院和一些中学。

③无线电和电视学院校。

④自考机关。

⑤基层运动组织。

（五）学生体质与健康管理

1. 建立、健全组织机构

要完善身体素质和健康测试的组织结构，学校应该在校长的带领下，由体育部、体育教研室联合学校卫生局，在班主任的帮助下，对身体素质和身体状况进行定期测试，并将测试内容融入体育工作中。通常情况下，从大学一年级开始至结束，必须对学生进行一次健康体检，体检的主要项目有：体质发育水平、生理功能、体质和体育技能等。

2. 建立各项管理制度

学校应当建立学生健康管理制度，根据条件定期对学生进行体格检查，建立学生体质健康卡片，纳入学生档案。此外，还要建立体弱、伤残学生体育活动制度，开设体弱、伤残体育与保健康复体育（医疗体育）课，加强监测，切实增强学生的体质和健康。

3. 加强对学生的健康教育

持续开展有关身体与健康的教育，比如，卫生和生活习惯教育，疾病意外伤害的预防教育，营养与膳食卫生教育，公共卫生与环境教育，心理卫生教育，性教育，青春期教育，防艾滋病教育等。此外，还要强化对学生课余时间的引导和培训，采用游戏、讨论、表演、示范、参观和实验等方式，使学校的卫生教育变得多姿多彩，深受同学们的欢迎。

4. 建立学生健康档案

对学生体质与健康的档案应分班、分人进行整理，编写登记，然后汇入总登记册。要分年级、教学班定位陈列，以便随时查阅。

5. 开展检查评话

要对学生体质与健康进行经常性检查与评估，并对全体学生的体质与健康状况展开深入的分析研究，并据此开展宣传教育，采取各种针对性措施，改善学生的卫生条件，保证学生健康。

（六）学校体育经费管理

1. 学校体育经费管理的任务

高校体育资金的合理规划、合理使用和监督考核，是高校体育经费管理的重要组成部分。高校体育经费管理工作的重点在于：制定并实施高校体育工作的经费规划与预算，对高校体育经费进行有效管理；制定校内各类运动活动资金的运用、管理规定和具体操作规程；对学校各类体育资金的运用和规划实施进行督导，对各类体育资金的运用成效展开分析和评价，以保证有限的资金得到充分利用。

2. 学校体育经费的收入来源

学校体育资金的来源有公共财政拨款、学校筹措资金、社会筹措资金和学校自有资金等。"事业拨款"是指由教育行政部门根据学生数量下拨的教育事业经费中，可以被用来进行体育方面的内容。这其中包含一些可以用来保持正常学校体育工作的体育维持费和购买大型体育器材所需的费用，还有学校体育场馆建设的专用资金等。学校筹集的资金指的是，在学校内部，从创收、校办产业等角度，拨付到体育教师的奖金和福利资金，通常情况下，这些资金被用于对体育教师的课时报酬的补助上。社会筹资指的是学校或体育教学部门（室）在举办重大比赛、参加重大比赛以及修建体育场馆等方面，从社会上筹集的赞助费。自创收入指的是体育教学部门（室）以法律允许的方式，为学生、教师以及其他社会人士，提供收费服务得到的收益。

3. 学校体育经费的支出

一般而言，学校的体育经费支出范围包含以下几个方面：体育教学费用，用于维持正常的体育教学；课外群体活动费用，用于支持学生参与体育相关的社团或活动；运动队训练竞赛费用，用于支持学校运动队的日常训练和比赛活动；场馆器材维护费用，用于场馆和器材的维修与保养；图书资料添置费用，用于购买与体育相关的图书和资料；体育器材购置费用，用于购买大型体育器材；专项建设费用，用于建设体育场馆；奖励福利经费和后勤经费，用于给予体育教师和行政后勤人员相应的奖励和福利待遇；

体育管理机构的日常办公经费，用于体育管理机构的正常运转和管理。

4. 学校体育经费的预算

学校体育经费的编制，以国家和学校的相关财政法规制度、当年度学校经费预算的指导思想、学校对经费预算的内容要求、上年度收支指标完成情况分析和决算财务分析、本年度开展学校体育工作所需经费的预计或与上年度比较主要增减的项目、本年度学校体育的自我创收经费的估计等为基础。

（七）学校体育场地设施与器材管理

体育场地设备与器材的管理是加强体育设备保证的重要环节。在进行体育管理时，要坚持按计划收购，合理保存，及时供给，充分利用，科学保养，修旧利废，余缺调剂，以使设施和器材的作用得到最大限度的发挥。各级领导机构和学校要按照国家和当地制定的各类学校体育场地设备和设备规范，逐步形成完整的体系。学校的运动设备应纳入学校的教具供应计划。新建或者修改的学校，要根据相关场地、设备的需求，进行规划、设计和施工。

1. 学校体育场地设施管理

（1）制定管理制度与使用计划

管理体系和采用规划管理体系，包括学校场地使用条款、场地管理人员岗位责任制、场地目标管理法规等。采用规划是指场地建立维护计划、教学、训练、锻炼、竞赛使用计划、资金预算等。体育现场要根据学校的实际情况，确定管理人员的数量。

（2）定期对场地进行保养和维护

首先，要保证现场的安全，要悉心检修体育现场设备，做好防火、防盗等安全防护工作；其次，要保证现场设备的使用寿命。

（3）协调场地的使用，做到合理、高效

在保障学校体育各种活动正常使用体育场地设施的情况下，可以将体育场地向社会开放，扩大学校与社会的联系，提高场地使用率，合理地提高经济效益。但是，要强化经营和统一安排。

（4）合理布置，优化场地布局，注意体育场馆的清洁卫生与环境美化

学校体育场地设施的优化配备，以及良好的环境条件，是促使学校体育管理目标顺利实现的重要因素之一。

2. 体育器材管理

（1）体育器材的登记与保管

应该安排专门人员负责对学校体育器材进行管理，要对所有体育器材的种类、名称、性能、用途、数量、单价、金额和存放地点等进行登记和分类编制目录，设置账卡，并详细记载。对采购、自制、领用、借用、变价、调拨、报废、报损、盘亏等，要做好账目和账目的核对工作。管理人员要建立三个账册，分别是："固定资产明细表""物料明细表""低值易耗表"，实现对运动器材的统一、严格、有序管理。

（2）体育器材的使用

要制定运动设备使用管理办法，并设立专人，认真贯彻落实。在借用、使用运动器械时，必须严格执行"借用、使用"程序。在还回时，保管人要与借用人共同检查，检查是否完好，如果有任何损伤，必须按照有关要求进行补偿或修理后才能还回。在使用时，要时常检查和清扫运动器材，除了要做好数目的统计之外，还要注意器材的使用和维护情况，以及是否有长时间的空闲和破损，对于空闲和堆积的器材和设备，要以物易物；对于因操作和维护不当造成损害的设备，应及时维修，对于已经造成损害但无法维修的设备，应立即予以销毁或进行报损处理，以免在操作过程中发生意外。此外，在运用过程中，还应该进一步强化对学生和教师的领导力度，实施责任制，坚持"谁用、谁管、谁负责"的原则，并采取移交与奖罚制度，以加强对设备的运用和管理。

（3）定期对器材进行保养

定期对运动设备进行维护，不仅可以极大地提高设备的使用年限，还可以确保设备的品质。设备的维护时间是有区别的，对于寿命较长的设备，维护时间可以延长，可以按月、按季度或按学期来计算；有些设备损耗大，维护时间要缩短，可按日计算、按周计算；有些消耗较大的项目，比如乒

乓球、羽毛球，就需要一堂课的时间。此外，为避免与同学们自己携带的设备混淆，可以在校内设备上做记号，使之与同学们自己携带的设备相区别；在维护设备的时候，还要注意看记号有没有毁损或者模糊，如果有，要重新做记号。

（4）定期补充器材

器材的损失包括两方面，一是设备在运行中发生自然损失；二是因为个别同学的故意毁坏而造成的，这就需要教师对同学进行严厉教育，并给出适当引导，以尽可能地减少无谓的损失。另外，在设备更新过程中，报废的设备都要收集起来。补给设备应按需添置，以免产生浪费。如果设备出现质量问题，一定要第一时间联系厂家。设备补给的时间根据各校的具体情况而定，基本上都是根据需要进行补给。

（八）学校体育科研与信息管理

1. 学校体育科研管理

加强学校体育科学研究，旨在有效地组织学校体育科学研究活动，提高科学研究管理水平，调动广大体育教师的热情，提高科学研究效率，获得更多、更好的科研成果，促进学校体育事业的发展。

（1）学校体育科研管理的基本内容

制订体育科技方针；确立科学研究的选题；对高校体育研究团队进行科学组建，根据研究工作的要求及个体的实际情况，配备研究团队；建立与之相适应的实验室和团队；为高校体育研究工作的开展提供物质基础；为体育科学研究提供必要的书籍和信息资源；加大科研人才培养力度；组织科研成果的评价、推广及奖项的评选工作。

（2）学校体育科研计划

加强高校体育科学研究，有利于增强高校体育教育的实践性。所以，对高校体育科学研究进行有效管理，既可以取得一定的研究结果，又可以推动高校体育科学研究的发展。在制订体育科学研究方案时应重视下列问题。

①做好调研工作。

②始终以“科学研究”为宗旨，以“科学”为指导，为“科学”服务。

③把握好科学研究和教育之间的联系。

④组织有关运动方面的专题讲座。

⑤构建体育教学研究工作的记录。

（3）学校体育科研的管理

高校体育研究工作要想顺利进行，需要建立一些机构和相关的管理体系。

①建立高校体育科学研究组织。根据研究项目和课题来源的不同，建立相应的研究组织形式。通常情况下，科研项目、课题审批部门是最高级的管理部门，学校科技处（社科处）和体育教学部（室）都应该按照学校的相关科研管理政策进行管理，项目、课题负责人是具体的管理者。

②确定高校体育研究的责任；学校体育研究的责任和权利，也因项目来源的不同而有所区别。但是，项目和课题的负责人应当承担首要责任，而且科研人员应当有明确的工作分工。高校科学研究项目管理工作应分为三个时期：前期管理、中期管理和后期管理。

③制定高校体育科学研究的科学与技术体系。制定高校体育研究工作的相关制度，是高校体育研究项目和任务顺利进行的重要保障；同时，也有利于激励和制约高校体育教师积极参与到教学研究中。除了根据国家、地方科研管理部门颁布实施相关科学技术法规，制定本单位的相关规定，还可以与学校人事分配制度改革（岗位津贴）相结合，制订体育教师的岗位职责和体育科研工作任务，明确科研奖惩管理规定。

2. 学校体育信息管理

体育信息管理的统计工作的目的是：收集并记录与体育事业相关的各类数据、统计资料，并对其展开整理和分析，为各级体育领导的决策和研究提供可靠依据，客观地反映我国体育事业的发展现状，并对各项体育政策、计划、措施的执行情况进行检查和监督。对体育数据和报告的要求是：及时、准确、系统、完备。这就需要制定严谨的标准，包括报告的形式、指标等方面，以及健全统计机构制度。

第二节　社会体育管理

在国家的体育运动中，社会体育管理是一项十分必要的工作，也是一项很有意义的工作。在我国体育事业蓬勃发展的今天，要想持续地提高社会体育的普及程度，使国家的伟大目标能够成功实现，使它更好地为社会的发展和人们的身体健康提供帮助，就需要强化社会体育管理。

一、社会体育管理概述

（一）社会体育管理的概念与特点

1. 社会体育管理的概念

社会体育就是在休闲期间，以增强体质、愉悦身心、增加交往为基本目标的自主性体育活动。在不同的时代、不同的情境下，其形态、特点、社会性等有明显的差异。无论是管理理念，还是管理目标、管理原则、管理方法、管理体制，都有独到之处。

社会体育管理的定义是：在社会体育组织中，管理者采用某种方法，将各种资源进行组合，为了达到社会体育的发展目的而展开的一种计划、组织、协调、控制和创新的综合性活动过程。在不同层次上，由各种类型的社团组成的社团，从事各种形式的体育运动。从总体上看，我国的社会体育组织既有各类政府部门的专业机构和非专业机构，也有各类 NGO 的社会体育行政机构。“社教”是以“社教”的目的为起点。虽然在各个层级的社会体育组织中，它们的组织目的有很大差别，同样的组织在不同的阶段，其目的也有很大差别。然而这些都是管理活动，都要求采用一系列的管理方法和管理措施，将人、财、物、时间、信息等资源进行整合，从而使它们达到社会体育发展的预期目的。

2. 社会体育管理的特点

社会体育是一种涵盖面十分广泛、层次极其丰富、影响因素众多的大众社会文化形式，它与学校体育、竞技体育相比，具有一些较明显之处，因而社会体育管理也表现出某些独特的特点。

（1）管理目标的多样性

经营对象多元化，经营方式多样化，经营内容丰富化。所以总的来说，社会体育工作具有以下目的：提升国民的身体素质和身体健康程度，促进体育人口的发展，并扩大体育参与比例，筹集社会体育经费，建立社会体育活动的场地设施，对社会体育干部、社会体育指导员和骨干力量进行培训，建立社会体育机构，并组织各类社会体育活动等。所以，对于不同层次的社会体育机构，其经营目的也应该按照上述目的来设定。

（2）管理边界的模糊性

在进行社会体育工作时，往往需要多个部门、多个组织、多个行动者协作。在不同层次上的体育管理人员，必须将不同层次运动对象的运动与认知进行有效统筹与协调。在现实生活中，社团组织往往与文化、教育、娱乐、旅游、警察等社团组织相关联，并与社团组织的经营活动相交织，很难明确其组织边界。

（3）管理系统的复杂性

因为社区体育是一个牵涉整个社区的活动，所以在社区体育经营中，除了政府的专业机构外，还存在一些民间社团；这一制度不仅包括各行各业的体育组织，还包括分布于各个领域的社会体育指导人员。另外，由于社会运动成员的地域、职业、社会地位和活动目的不同，社会运动的经营更加复杂。

（4）管理主体的多元化

随着我国体育体制的深入，体育行政职能的逐步规范，长久以来由政府主导的社会体育发展模式已经被打破，各种不同的方式都有了积极参与，这就导致我国的社会体育管理主体呈现出多样化特点。在此背景下，由于其所处的环境中存在诸多社会环境问题，其所处的环境条件更加复杂。

（5）管理体制呈社会化趋势

社会体育行政是指在国家一级行政机关领导下，社会体育团体作为主要力量，通过广泛的社会力量落实行政管理制度。我国社会体育管理制度的社会化倾向，需要从现实情况入手，采用弹性的管理方式，主要实行分散型管理，充分利用非政府组织的管理功能。

（二）社会体育管理的目标与任务

1. 社会体育管理的目标

一切管理工作的起点和终点都是目的，而我国社会体育管理工作的最根本特点就是管理对象的多样化。例如，增加体育运动的参与度，增强和改善人们的身体素质，创造和谐向上的集体气氛，促进一项运动、一种体育的发展、一种体育的消费等，这些都是不同主体实施社会体育管理的目的。在此基础上，将多个指标分解成相对应的更多指标。从其自身的发展特点出发，对其所包含的具体内容进行分析，提出相应的对策。

①增加社区居民定期从事体育运动的数量，或者增加社区居民中从事体育运动的数量。

②调动各方面资源，加大对公共体育项目的投资力度。

③在城市与农村的规划与建设中，通过法律法规的方式，明确新建成的居住区应具备的体育场所的规模与数目，并在一定程度上对社会与学校的体育场所无偿开放。

④加强社区运动的管理与指导，提高其对社区运动的服务能力。

⑤通过对我国居民的身体素质进行全面监测和评价，促进我国居民身体素质的提升。

2. 社会体育管理的任务

任务是目标的具体化。当前，我国社会体育管理的基本任务如下。

（1）壮大体育参与人群

社会体育的基本目的是提高人们的身体素质，而要把这个目的贯彻到社会体育的经营中，就必须大力开展形式多样的、健康的、文明的社会体育，调动更多的民众参加到社会体育中。

（2）改善人们健身活动的环境

要让广大群众积极参加体育活动，就必须有良好的社会环境。要采取多种形式的教育措施，引导和鼓励广大群众热爱和参加运动，树立起科学的健身观念，让全民健身在全社会中得到广泛的认同；要为人们参加健身活动提供更好的环境，持续构建并完善由体育设施、体育组织、社会体育指导员队伍和法规制度等构成的多元体育服务体系，以支持、吸引、动员更多人参与到全民健身活动中。

（3）引导人们的健康投资

身体是人们生存、享受与发展的根本，也是他们的资产。因此，对身体素质与健康进行投资和储备，其重要性与知识储备和能力储备同等重要。健身和保健的消费，应该像教育消费那样，融入生活中。在全民健身运动中，要对全民健身行为进行科学指导，使全民健身行为得到持续发展。

（4）传播优秀的体育文化

在漫长的发展过程中，我国的体育运动创造了辉煌的文化。当前的体育工作，一是要对优秀的民族民间体育进行传承；二是要积极地对国外的体育文化、体育知识、体育技术等进行学习与研究。并在此过程中不断创新，使中国体育文化在新的起点上不断向前发展。

（5）不断完善社会体育管理体制

社会体育要为国家的经济和社会发展提供服务，要以增强和提高全民的身体素质为目的。所以，一定要构建一套适合社会主义市场经济体制的社会体育管理体系与运作机制，对各级政府的职权与职责进行更深层次的规范与明晰，对管理体系与管理方式进行改进，逐渐构建政府管宏观、社会具体办、国家与社会联合兴办的社会体育发展新格局，持续拓宽公共体育的供给领域。

（三）社会体育管理的基本原则

1. 指导性原则

指导性原则有两层意思，一是指国家体育总局和省、区、市体育行政部门，是政府主管体育工作的职能部门，它们代表国家对各行业、各部门、各群众组织的体育健身活动工作，实施领导、指导、协调和监督的职能。我国体育行政体制的复杂特点决定了指导思想在我国体育行政职能的充分行使中具有举足轻重的作用。二是因为社会体育的覆盖面广，各地区、各行业、各单位所处的地理环境、物质经济状况、科技文化发展水平都有较大差异。在对体育的需求程度、价值取向等方面，由于年龄、职业、受教育程度和性别的不同，也存在很大差异。再加上人们的闲暇时间的多少存在差异，所以，社会体育的形式、内容和方式等都不能强制保持统一，也不能用简单的行政命令来规定，而应该以指导性原则为主要内容。

2. 宣传教育性原则

人们开展社会体育活动的时候，大都利用了空闲时间，其活动动机也以满足自身需求为主。所以，各组织一定要采取一种行之有效的方式，来引导他们树立正确的体育价值观，深化他们对体育的认知和了解，激发他们的运动自觉性，这样他们就能对参与体育的内部需求以及积极的行动做出反应，从而心情愉悦地参与到社会体育活动中。

3. 法制性原则

社会体育活动的参与者有不同的职业、不同的需求、不同的年龄跨度，要想对这个错综复杂的运动群体展开管理，仅仅凭借某些组织机构的内部管理和制约，是很难完全实现对社会全体成员进行规范、协调和指导的，因此，还需要借助法律的力量。一是要制定和完善社会体育的相关法律，保证社会体育的健康快速发展；二是为了保证社团的正常运作，保障社团成员的正当权益，还必须建立相应的规章制度。

4. 创建性原则

社会体育工作的重点在于创造环境，以适应人民群众的各种需要，这是其可持续发展的根本保证。在此基础上，通过法律、政策、制度等手段对其进行调控与指导；另外，要在人力、物力和财力等方面，对社会体育进行积极的支持，为其提供物质、资金和场地等多方面保障，保证人们能够切实地享受到参与体育活动的权利，这也是世界上一些先进的社会体育国家的普遍做法。

5. 协作性原则

社会体育是一项全民性事业，各级管理部门需要密切配合、加强协作。这就要求有关社会体育管理部门做到纵向管理和横向管理的有机协作，推动各部门合力办体育，使各部门把体育协会成立起来，把部门体育落到实处。

（四）社会体育管理体制

1. 社会体育管理体制的概念

社会体育管理体制是指在社会体育的机构设置、权限划分、运行机制等问题上所形成的一套系统的总称，它是实现社会体育总目标的组织保障。一国或地区的社会体育治理制度，必须有自身的特点。从国际上看，我国目前的社会体育管理制度大致分为三大类：一类是国家成立了一个专门的组织来对其进行管理。它具有较强的中央集权和从宏观到微观全方位的治理手段。二是“社会性管理”，即以各类社会性体育团体为主，国家基本没有建立相应的社会性体育管理部门，国家对社会性体育活动的影响较小。三是联合式，即以国家与社团为主体，联合开展社团式的体育活动。

2. 我国现行的社会体育管理体制

目前，我国社会体育管理制度正处于从“政府管理”到“政社合一”的转型时期。大致分为三个层面：宏观层面、中观层面和微观层面。宏观层面包括政府对社会体育的监管体系和社会体育的监管体系，而微观层面则包括体育活动点、辅导站和俱乐部。

（1）政府管理系统

①国家特殊的社会体育管理体系，是其内在的各个层次的组织，也是国家体育管理体系的主体。国家体育总局群众运动处是我国社会体育工作的主管机关，其主要职责包括：研究制定有关社会体育工作的方针、规定及发展计划；积极推进《全民健身规划》的实施，对《全国居民健康状况评价》的执行情况进行督导，对全国居民进行身体素质的监测；领导并促进学校、农村、城市等体育事业的发展。

在体育管理机关中，设立了管理社会体育的群众性组织，并有专门的专兼职社会体育工作人员。它们分别负责管理其所管辖地区的体育工作，其中包括社会体育。

②国家公共体育行政机构，其中有些机构还设置了体育行政机构。由国务院各相关部门负责组织和领导群众体育活动。这种管理主要分为两种：一是根据国务院相关部门对体育行政部门进行统一部署，对其进行直接管理，例如，教育部对学校体育工作进行监管，而国家民族事务委员会则对少数民族体育工作进行监管。二是国务院相关部门在自己的权限范围内，对与体育相关的业务进行管理，例如，民政部依法对全国性体育社会团体进行登记和管理，公安部依法对群众性体育活动中的治安问题进行管理。

（2）社会管理系统

社会体育的社会管理系统由体育社会组织与其他社会组织组成。

①体育社会组织。目前在国内已存在的体育社团包括：各级体育协会、个人体育协会、行业体育协会以及各类群体体育协会。各级体协由中华全国体协、县及其他地区体协组成，是在民政部门注册的由广大体协组成的、由公民参加的群众体育社团。各省、自治区、直辖市的体育总会、国家体育总会、国家行业体系的体育总会和中国人民军队所属的群众体育机构，均可向中华全国体育总会提出集体成员资格。各省、自治区、直辖市、地级市、自治州、盟、县、区、自治旗、旗，都可以成立当地的协会。

②其他社会组织。有些社团并不是专业的社团，但是它们下面有一些社团，比如工会、共青团、妇女联合会等，这些社团都有自己的社团组织，组织职工、青年、妇女进行体育锻炼。工会、共青团和妇联等社会团体，都是群众性组织，社团与社团成员之间存在着紧密的关系，对他们具有很强的影响力。他们对自己的身体素质都承担着很大的职责，并把其纳入体系中。

（3）基层社会体育组织

笔者认为，我国目前的社区体育事业发展状况不容乐观。公益社会体育基层组织，主要指的是大众体育活动点，这是一种由拥有共同的体育兴趣或体育目标的民众自发组成的松散的、地区性的体育组织。街道社区体育组织、乡镇体育组织、基层体育协会、社区体育指导中心、青年体育社团等是公共体育服务组织的重要组成部分。

①以街道为单位的社会团体，是基层社会团体，是市级或市级人民政府的基层社会团体。街道办事处承担着组织群众体育活动和增强居民身体素质的职能。由于各乡镇没有设置相应的体育管理机构，所以就有了以乡镇为基础成立的社区运动社团（或称为街运会等）。在全国大部分地区，建立了最常见的草根性体育团体——社区运动社团。除此之外，还包括以某个地区的行政机关或具有较强的驻扎能力和较好的企业为基础的地方体育组织，以及以居民区行政机关为基础的居民社区体育组织等。这类群众体育组织主要承担着街道办事处、区体育行政部门或其他有关部门的行政职能，对地方体育活动进行组织、协调和管理。

②乡、民族乡、镇政府是中国目前最主要的地方政府机构。在此基础上，结合当前社会经济发展的需要，构建各种形式的体育机构，促进地方体育发展。由镇领导担任组长的镇体育工作领导小组、以乡为单位的群众健身工作领导小组、以村为单位的村体育协会和村体育俱乐部等，这些基层体育机构，要么以乡镇的名义，对其进行行政管理，要么以其助理的身份，对地方的体育工作者进行广泛宣传。

③基层运动社团。基层运动社团是我国基层企业、事业单位和机关的运动社团，它是一种群众的业余运动团体。在体育协会的基础上，由各部门的工会负责具体的组织和指导。其主要工作内容包括：在单位内进行体育活动，并吸引和组织员工定期参与体育锻炼，使员工的业余生活更加丰富多彩，从而使员工的身体素质和运动技术得到全面提升。

④体育场馆，即由地方政府或街道、乡镇政府领导，为群众提供服务的体育场馆。它具有以下功能：一是聚集、组织群众参与运动的功能；二是引导功能，主要是为来到这里参与运动的人们提供运动指导；三是位置功能，为人们提供活动场所，保障科学、健康、文明的体育运动。高校体育课的教学内容主要包括：综合教学和个人教学。

二、社区体育管理

（一）社区体育的概念与特点

1. 社区体育的概念

社区是指人们从事某种社会活动，通过某种互动与共同的文化保持力量而形成的一个集体或活动空间。社区体育是以社区居民为主体，以社区自然环境和体育设施为物质基础，在社区内进行的，以满足社区成员健身、娱乐等体育需求为主要目标的体育活动。

社区体育的目的包括两部分：一是加强社区居民的体质，提高居民生活水平，增强体质，从而逐步改进社区居民的生活方式，使其生活内容更充实、欢乐。二是以社区体育为载体，以社会交往为纽带，增强社会认同感。社区中的体育资源包含以下内容：各级各类管理者及指导者、经费、场地设施、社区成员、社区体育组织等。社区体育管理要让有限的社区体育资源发挥最大的作用。在社区体育管理中，需要社区体育管理组织者与管理者发挥其规划、组织与控制的职能，以保证其高效、和谐、有序运作。

2. 社区体育的特点

（1）区域性

区域性是社区体育的根本特征，它是以社区为区域活动范围并且可以就地、就近开展的区域性体育活动。

（2）多样性

社区体育项目既有作为中华民族优秀文化遗产的多民族、民间的体育项目和健身养生方法，也有现代健美健身手段；既有正规的项目，又有非正规项目；既有复杂的项目，也有简单的项目。大多数居民所选择的健身方式为跑步、五禽戏、太极拳、八段锦、养生气功、秧歌等。这些项目不受场地器材和人员多少的限制，而且老少皆宜。

（3）娱乐性

社区体育作为一种大众文化，集娱乐、健身、竞技、审美、刺激等功能于一身，其内容和形式多样化、趣味化，参加锻炼所选的内容以养生性、健身性、娱乐性为主。人们参加体育活动或为了强身健体，或为了美形、美姿、美态、美化动作，或为了娱乐，追求心情舒畅、精神愉悦。

（4）自主性

由于民族、性别、职业、年龄、文化程度、生活习惯、兴趣、爱好、体质、健康、个人需求、业余时间以及所处的地位、社会环境等差异，社区体育运动主要表现为针对个人体质、健康、需求、心情、兴趣、爱好和特长等具体情况，选择合适的内容与形式，在允许的时间与环境下自主锻炼。

（5）随意性

社区体育的对象极其复杂，活动形式多样，灵活分散在社区的每一个角落，难于集中统一。无论是在体育场馆、公园、绿地，还是在高山、草原、江河湖海，无论是在厂矿、机关，还是在街道、乡村，只要人们具有强烈的健身意识，就可以随意选择适宜的内容和形式进行锻炼。

（二）社区体育管理的原则

1. 区域性原则

社区体育工作具有明显的地域性特征。社区体育的参与者、组织者、体育资源等均位于一定地域，这些地域不仅是社区生存的物质依据，也是居民行为与社区发展的限制因素。所以，各组织在对社区体育进行管理的时候，必须以一个具体的地区为基础，以该地区居民的体育需求、场地设施、经费等情况为依据制定体育规划，并开展体育活动。

2. 合作性原则

目前，我国社区体育呈现出一种很显著的“过渡”特征，也就是既有“单位”又有“社区”的特征，可以将其统称为“地区”“单位”和“居民”的结合体。这个结合体在短期内，不管是参与的主体，共同的场地设施，体育经费和体育骨干的来源，还是体育活动的组织等方面，都无法脱离出来，所以在社区体育经营过程中，合作性原则显得尤为重要。社区体育的组织领导机构、街道社区体协与辖区各单位工会、体育协会之间要互动和配合，这不仅可以满足单位职工的体育需求，减轻企事业单位的负担，还可以打破社区体育资源缺乏的尴尬局面。

3. 自主性原则

社区体育以居民为主要参与对象，应使其具有自我管理的能力。此外，各类体育社团和活动小组等都是以自治和松散性为主的非行政机构。这就对社区体育的经营提出了更高的要求，即使居民体育骨干的工作热情发挥出来，并对其进行有效的组织和自我控制，使其能够独立地开展社区体育工作。同时，政府部门也应从各个角度，积极地给予社区体育自治支持。

4. 因地制宜原则

在此基础上，笔者提出了一种基于城市居民参与的社区体育活动的发展模式。所以，在进行社区体育经营时，必须遵循“因地制宜”原则。例如，在使用社区的体育场所和设施时，根据当地的实际情况采取如下措施：把辖区内的单位（机关、学校、企事业单位、部队等）现有的运动场所和设备，公园和广场，江、河、湖岸和水面等所有可以使用的土地都用上，作为体育运动场所等。

5. 兼顾性原则

社区居民的年龄、性别、健康状况、体育需求、体育基础、职业、工作时间、经济状况等都存在差异，因此，在社区体育管理过程中，要尽量将大部分需求都考虑进去。比如，可以在寒假期间，以青年为主，中、老年人为辅，周末以职工为主，各种类型的群众为辅，等等。

6. 激励性原则

社区运动是一项有意识且自愿的运动，其对运动的兴趣和积极的参与程度对社区运动的影响非常大。所以，在开展社区体育工作时，要创造良好的环境，以调动居民参与运动的积极性。例如，开展娱乐性、趣味性、竞争性都很强的运动项目，以及运动比赛等，以激发社区居民对运动的兴趣；对体育比赛中的获奖集体和个人以及体育活动积极分子进行表彰和奖励，并树立体育典型，鼓励人们更加积极地参与到体育活动中。

（三）社区体育管理的组织管理体系

1. 政府部门的宏观管理

社区体育工作的主要负责部门有：省级人民政府，体育部门，教育部门，民政部门，文化部门，城市规划部门等。

在我国城市公共服务体系建设的具体职能包括：将社区体育的工作划分为城镇社会发展的整体计划的一部分，并将其作为社区和社会主义精神文明的重要组成部分；通过对社区体育的系统研究，提出促进社区健康发展的对策。

国家体育总局群体司城市体育处及各省、市、区体育局群体处（科）是社区体育工作业务的主管部门。它的主要职责包括：遵照国家的体育方针、政策，对社区体育工作进行支持和指导，制定社区体育的发展规划和工作计划，以及各项管理制度。

民政部门的基本职能是按照城区管理中心的要求以及城区管理、协调、指导、服务的原则，把社区体育活动纳入城区管理的一部分，对其进行全面的计划与评价，并在一定程度上予以支持。城市规划部门的主要职责，就是根据国家有关城镇公众健身设施的土地指标，把居住小区内的公众健身设施项目纳入城市的整体和细节规划中，进行科学布置和统筹安排。

因此，要加强对社区体育活动的管理，也要增强人民体质，丰富文化生活，提高生活质量意识。推动和扶持学校体育设施向社区群众开放，充分利用学校体育教师、设施等资源，促进学校体育在社区群众中的发展。

2. 街道社区体协的微观管理

街道社区体育协会将其所在的地区划分为一个社区，它的基础是一个基层的政府派出组织——街道办事处，它是由辖区内所有单位及其所属的各个居（家）委会参加并联合构成的，它采取了委员会的形式，附属于街道的文教科、文化站或社区服务中心。这是一个以街道为单位的运动团体。街道社区体育协会下设群体体育协会、项目体育协会、晨晚练活动站和居（家）委会体育小组等。

在当前的社会中，以街办体育协会为主体，以地区性的体育协会为补充，具有很强的基层特征。“街道体育协会”是以各辖区、各部门、各居委会为会员单位而成立的。街道社区体协是一种上位的管理型组织，而下位的是体育协会、体育俱乐部、晨晚练活动站、体育辅导站、体育服务中心、辖区单位体协、居（家）委会体育小组等。晨夜锻炼的场所，一部分是街道、社区体育协会负责，另一部分是各区工会、体育协会以及各辖区的机构负责。目前，基层体协与基层社会团体之间存在密切联系，基层社会团体与基层社会团体之间既有直接联系，又有间接联系。

（四）社区体育管理的主要内容

1. 制订社区体育工作计划

社区体育机构和管理制度建立之后，应结合当地的具体条件，制订相应的工作方案。在制订社区体育工作方案时，需要开展广泛、深刻的调研，对社区体育的现状、需求、资源及影响社区体育发展的宏观环境要素进行充分认识，并对各要素的未来发展做出展望，进而确定社区体育的发展目标，并确定为达到这些目的所采用的策略和方法。在制定《城市体育发展规划》时，应结合城市体育发展规划，从现实出发，注意实用性和科学性。

2. 建立完善的社区体育组织

在组织结构方面，应该构建城区人民政府有关部门、街道体育组织、居委会体育组织和体育活动点四个层级的社区体育组织管理结构，以区政府为主导，以街道为中心，以社区居委会和体育活动站为基础，构成社区体育组织的管理体制。

3. 开发社区体育资源

我国城市居民体育活动资源主要包括：人力、财力、物力等。在社区体育管理机构中，应该着重培育一批受过专业教育和训练，具有一定组织能力和专业水平，并且具有为人民群众服务的热情的社会体育指导员和社区体育骨干队伍。基金是进行社区体育活动的物质保障，因此，除获得政府的支援之外，社区体育机构还应该通过多种方式来拓宽社区体育经费的筹措渠道，比如辖区单位集资、赞助、缴纳会费或比赛报名费等，对社区内各个层面的力量进行广泛调动，从而为社区体育提供更多资金。体育场所是进行社区体育的基础，要加强与市、区体育部门及相关部门的沟通，使其能够更好地发挥自己拥有的体育场所的作用，为全民健身及重大体育赛事提供保障。社区体育机构应该对社区内的各类体育场所进行规划，比如设立各类体育活动中心、辅导站等，并对这些场所进行合理的利用与管理，让它们充分发挥作用。

4. 组织社区体育活动

社区运动以运动场所举办的运动为主，并以定期比赛为主。在社区内，运动比赛的举办与其他比赛没有什么不同，所以在开展运动比赛时，应以强化运动场的经营为重点。目前，国内大多数社会团体都是由社会团体自行组成的民间团体，具有小型、方便、易于群众参与等特点，是一种很好地组织、吸引群众进行体育运动的方式。然而，由于体育活动站本身的性质和特点，它还存在一定的问题，因此必须对它进行更多监管，把它纳入正规的社区体育机构系统，以便得到更高级别的机构的指导和协助。同时，要加强对学校体育活动中骨干成员的培养和管理，促进学校体育活动的良性发展。

5. 建立、健全社区体育管理的规章制度

社区体育经营的标准化，就是要遵循一定的计划、方式和程序来进行经营，在社区体育的组织体制中，各级经营单位要根据所制订的计划来开展经营，以防止在现实操作中产生随意现象。因此，社区体育协会和社区居民委员会等体育机构应建立相应的规章制度，以规范活动的开展。各区政府和其他行政机构，不仅要制订各项基本的体育机构条例，而且要经常进行监督。

（五）社区体育管理的基本方式

1. 处理好社区体育组织与行政机构的关系

目前，国内的社会团体主要是民间团体和半官制的社会团体，这些团体都面临经费、场地、指导力量不足等问题。所以，在进行运动时，社区体育团体应注意与地方政府部门的联系，借由政府部门的支援和优惠政策，来解决在运动中所面临的困难。可以采取依靠政府行政机构的支持，聘用政府部门领导干部担任职位，与政府行政机构建立经常、稳定联系等方法，从而与行政机构建立起良好的关系。

2. 充分发挥驻区企、事业单位的作用

各街道均设有企、事业单位，这些企业在资金、设备、人才等各方面均比社区强，具有良好的发展社区体育的优势。社会团体要积极联系区内的企业、机构，做好相关工作，争取其认同、理解与支持；吸收企、事业单位员工参加社区的体育运动；在活动中为公司做广告。

3. 增强居委会一级社区体育组织建设

在这个层面上，居委会的管辖面积小，人数少，但它与社区群众的关系最密切，因此，它是一个最适宜进行社区体育工作的层级。在中国，基层社会体育机构的状况比较常见，这就造成了基层社会体育机构治理的“力矩”过大，力量不足。要想扭转这一现状，必须把社区体育组织“下沉”到居委会层面，强化居委会层面的组织，发挥居委会对居民的熟悉、联系直接、组织方便等特点，来组织群众的健身运动。

4. 通过多种途径筹集社区体育活动经费

目前，我国在进行社区体育时最大的难点就是缺乏资金支持，拓宽资金来源是解决该问题的一个重要途径。首先要加强自己的“造血”能力，从合法的经营活动和有偿的体育服务中获取活动资金；其次可以在社区内，透过互惠行动，得到相关企业及机构的资助；最后可以调动和激励社会各界人士来资助和支援，并积极从政府部门得到一些资金上的支持。

5. 以多种形式开展社区体育活动

社区体育组织可通过晨晚锻炼点、辅导站来吸引居民参加体育活动。组织社区体育运动趣味竞赛，参赛队伍以楼号或者家庭等形式组队，体育运动形式的比赛和表演活动可以多种多样。社区体育活动的内容和项目的选择要突出趣味性、健身性、休闲性和社交性。

6. 构建社区体育服务体系

从专业化服务角度，构建包括社区体育设施服务、组织服务、指导服务和信息服务、专门化服务在内的服务系统，并将社区体育服务分为两个层次，即基本体育权益保障服务和社区体育照顾服务（对弱势群体开展的特别服务）。

7. 建立社区体育工作的奖励机制和约束机制

社区体育工作的义务性很强，必须建立相应的奖励制度，这样才能调动社区体育工作者的积极性。将社区体育工作纳入街道居委会的发展规划及工作职责，通过建立社区体育管理的约束机制，保证和促进管理者为社区体育发展进行有效服务。

三、职工体育管理

（一）职工体育的特点与活动形式

1. 职工体育的一般特点

在参保人员方面，以厂矿企业和事业单位为主体；从时间上看，主要是员工在工作之余，利用周末及节假日进行体育活动；从空间特点来看，大多使用本单位自身的场地和设备，或者因地制宜地开展运动；从运动的特点来看，这些运动具有很强的趣味性和娱乐性，具有强大的健身功能和对社会的普及程度，并且为职工所喜爱；在作用特点上，其较为显著的特点是能促进员工的身体健康，减少因病旷勤，提高工作积极性，增强员工的凝聚力，并在一定程度上提高单位的知名度；在行政机关方面，通常由一个固定的行政机关（工会体育协会）来进行组织和管理。

2. 职工体育的活动形式

（1）个人锻炼

个性化运动是一种针对个体特点而采取的运动方式，具有很强的灵活性，锻炼者可以根据自己的兴趣爱好、职业特点、工作时间、身体状况等进行调整。在活动内容、时间和运动量的安排上，可以更好地满足个体的需求。

（2）自发结合的锻炼小组

锻炼团体是因为在锻炼内容、场所、时间和兴趣方面较为相近而自发联合起来形成的一种锻炼方式，锻炼团体成员通常会在固定时间自觉到指定的运动场所进行锻炼。它具有强烈的自觉性，是一种新型的员工体育活动。

（3）有组织有领导的锻炼集体

主要指的是由单位体育组织、工会、城市社区体育组织开展的活动和运动队、辅导站、文化馆、俱乐部等组织的活动，这些都是职工进行体育活动最基本的方式。这种形式能增强体育训练的科学性和计划性，使体育训练坚持下去，循序渐进。

（二）我国职工体育的主要变化特征

1. 职工参与体育的主体意识不断增强

以往，公司主要负责员工的工作、生活、教育、医疗、孩子的入学、就业和安置，这样员工对公司的依赖性比较强，因此对公司有非常强烈的归属感、安全感。企业经营机制的转变，以及单位后勤工作的社会化，对企业职工一切依赖单位的思想意识造成了极大影响，从而导致职工自身主体意识的增强和独立性的强化。因此，员工的自主参与意识迅速增强，同时员工的精神需求不断提高，他们需要通过体育活动来获得精神和心理的愉悦，并在运动中表达自己。

2. 职工体育管理手段的多元化

在我国，原来的职工体育组织主要依靠企业行政体系的权力来对其进行组织和控制，在对其实行管理时，更多地表现出指令性的特点，在对其进行组织和控制的过程中，企业运动会、广播操、达标活动等都是通过这种方式来实现的。随着我国经济体制改革的深入，传统以单位为主的公共服务模式逐步转变为以公共服务为主的公共服务模式。此外，因为企业对经营管理机制实现了优化组合，比如实行优化组合、定编、定岗、定员等，这使得各单位在工作时间内进行体育活动的可能性大大减小，员工的体育向 8 小时以外的方向发展，因此，企业依靠行政手段来组织体育活动的效率大幅下降。这种新的经营方式对传统经营方式提出了新的挑战，而传统的以计划经济为依托的经营方式已经明显失去了应有的作用。在新的条件下，通过各种途径，如创造良好的运动氛围，改善运动环境，已是一项十分必要的工作。

3. 职工体育活动的内容与形式的多样化

在原来的工作方式中，以身体素质为主体，以普通的群体广播操、竞技项目竞赛、运动会等为主要形式。近几年，员工对这些运动项目的兴趣度逐渐下滑，体育活动在健身、调心、益群等多个方面进行，并与其他文化形式相融合，呈现出了多元化的发展态势，以及功、拳、操、舞、趣味项目等不同类型的竞争态势。多元化的运动内容，突破了长期存在的传统运动模式。在活动方式上，已经不再局限于企业的组织方式，员工自己的行为和参与各类社会组织的行为越来越多。

4. 职工体育组织体系的网络化

在中国，企业体育的发展已逐步突破以往由各个企业、行业单独经营、“条条块块”的封闭状态，并逐步形成与其他企事业单位联合、与社会体育相结合的新型网络组织体制，以及相对固定的组织形态，例如基于员工体育俱乐部的社会体育组织，以及在工厂企业中组建的基层员工体育组织等。

5. 职工体育经费来源的多元化

随着职工体育活动的广泛开展，体育经费来源正在向多渠道拓展，并逐步形成单位行政拨款与财团集资、群众个人出资、社会募捐并存的多元化集资趋势。

（三）职工体育管理的原则

1. 实用性原则

实用性原则需要“因人、因时、因地制宜”地进行职工体育工作，也就是在形式、内容和方法方面要具有一定的灵活性，不能被传统的方法束缚，不能被条条框框束缚。比赛内容可以是正式的，也可以是非正式的，比赛地点并不需要符合规定，比赛规则可以根据参赛者的能力做相应调整。“因人施事”，就是要针对不同年龄、不同职业和不同生活习惯爱好，选择适合自己的生活方式。所谓“适时”，就是在运动时间上要有弹性，可以在早餐前、晚餐后、假期等时间进行合理的安排和使用。所谓“适者生存”，就是除了使用常规场所之外，还要充分利用各种可以使用的空间，以及附近的天然地理环境。

2. 业余自愿性原则

在我国，职工体育原本的运作模式主要是按劳取酬，而体育机构更多地依赖于企业的行政体系来进行组织和管理。目前，随着公司不断改进运营和管理体制，公司依赖于行政的方式来举办比赛的效果越来越差。为了增强员工的体育意识，激发员工对体育的热情，并使员工主动参与到体育活动中，要坚决反对强制指令和硬性组织，不然员工容易出现逆反心理，产生矛盾。

3. 小型化原则

随着企业员工的业余运动逐渐增多，运动内容日益多元化，以往那种集中式、规模较大的运动已经很难再开展下去。因此，职工体育呈现出向小规模、分散化和制度化发展的趋势，导致众多职工群体自发性的运动形态的兴起。员工每天的运动项目不要太大，而小一点的运动项目在人力、物力和时间上都更加方便，并且要遵守离自己最近的原则。在形式和内容上尽量做到多元化，这样才能满足人们的各种利益和喜好，从而使广大员工参与到体育运动中。

4. 基层性原则

近几年，在企业和事业的管理制度进行改造之后，更多地采取了管理合同制度，这样，企、事业的下级部门就有了更大的自主权。例如，时间、经费、人员的组织调动、场地的修缮和扩建等都由基层组织来确定，提高了工人体育工作的便利性。把工作重心集中在基层，不仅具有优势，而且能有效地化解与生产之间的冲突，这样才能让员工体育真正地服从生产，还能让更多员工参加到体育中。这是因为基层领导层较低，领导层和人民群众之间的关系更直接和密切，信息交流更方便，工作更简单。将重心放在基层，可以让公司上层的工会、体协从很多烦琐的行政事务中解脱出来，有更多时间进行宏观调控，并开展深入基层的调研，同时可以在业务上帮助、指导基层的工作。

5. 社会化原则

体育社会化就是将以前的体育活动完全由国家体委统一管理的制度，

转变成国家办、社会办、集体办、个人办并存，并以社会办为主的制度。职工体育应充分发挥国家和群众组织的功能，并结合社会发展和群众需求，充分调动职工的积极性和主动性。职工体育的社会化，是指要充分发挥国家、集体、社会和个人等多个因素的共同作用，使职工体育得到全社会的关注，促进广大职工积极参与。

（四）职工体育的组织管理体系

1. 职工体育的政府管理部门

在我国，企业的经营活动是由国家体育总局、体育行政部门等部门来完成的。职工体育作为作为社会体育的一部分，要在基层组织中健康发展，就一定要加强对基层组织的领导。要把职工体育活动的实施规划纳入学校体育委员会的社会工作总体规划中，这样才能对学校进行宏观管理。在企业中，要使企业的员工体育活动得以繁荣发展，还需要由国家体委来负责和具体指导。在我国，体育管理体制改革已经取得了一定的成效。体育总局是国家体育管理机构，对全国体育工作进行统一领导、协调和监督。在制定单位体育的方针、政策、制度、规划的过程中，国家体育总局群体司及各地体育局群体部门要利用宏观调控手段，在面向全民的前提下，强化对单位体育工作的指导、配合、协调，充分发挥各级工会对单位体育的组织领导作用，体现出单位体育管理以工会为主导的特点。

2. 职工体育的社会管理部门

工会和体协对员工体育工作的具体要求是：研究和贯彻党和国家有关群体体育工作的方针与举措；制订本辖区内的员工体育工作方案，包括宣传、经费支出、人员配备和场地设施等，并进行经常性的监督和执行；组建体育队伍，训练裁判和教练员；对体育工作者、运动员、教练员、体育积极分子等的优秀行为给予嘉奖。

3. 职工体育的基层体育组织

工厂、企业、事业和机关等基层组织都已成立了基层工会组织，并对基层组织中的员工体育活动进行了专门管理。还有一些单位在基层工会组织中设立了“工人运动工作委员会”或“运动部”，也有一些单位设立了

“文化部”或“体育部”。基层群众体育组织主要由基层体育协会、老年人体育协会、残疾人体育协会以及各单项体育协会等组成。“基层体育协会”是由广大人民群众自发组建的一种业余大众体育协会，它是中华国家体育协会下属的一个基本机构，对其所属机构内的员工体育活动进行管理。各级体协要视工作的实际情况，设立专门人员或者组织，对体育工作进行管理。在各车间、各科室、各单位成立运动协会，组织各单位的运动工作。近年来，随着社会主义市场经济的不断深化，职工体育团体也有了很多创新与发展，有些省份成立了职工体育协会、联合会、基金会，有些城市成立了以区域为单位的区域体育协会、街道体育协会，有些工厂和矿山成立了以宿舍为单位的幢区体育协会，有些地方还成立了各类体育宣传部门，其特征是：横向联系，与经济相结合，促进提高，促进普及。在组织方面，通过街道体育协会和体育宣传部，将职工体育活动与城镇居民的社会的群众性体育活动相结合，与整个城镇的精神文明建设相结合，这不仅有助于最大限度地促进对厂矿机关职工体育活动的支持，还有助于促进整个城镇的群众体育活动的发展。

（五）职工体育管理的基本方式

1. 争取单位领导对职工体育的重视和支持

企、事业单位的领导对体育运动的认知程度和态度，将会影响员工运动的发展。只有领导对职工体育的功能、作用进行全面了解，并认识到开展体育活动与单位主营业务之间的相互关系，才可以对职工体育进行各方面支持。很多优秀的员工运动组织都有一个共性，那就是他们的主要负责人对运动给予了高度关注，并且能够以身作则，亲身参与。要做到这一点，员工体育管理部门应该多向领导宣传，多向领导汇报，多向领导请示，多向领导寻求关注和支持。

2. 制订本单位职工体育工作计划

为了更好地将员工的体育运动发展下去，必须制订员工体育工作方案，逐步形成企、事业单位的一种传统模式，并将其纳入企、事业单位的总体发展规划中。员工体育工作规划应该包括以下几个方面：组织机构、相关规章制度的构建与健全，体育经费、场地设施的投资与建设，体育活动和竞赛的组织，经常参与体育活动的员工数量的增加等，以及它们的保障措施。

职工的体育意识和体育价值观是决定职工体育行为的重要因素，要提高职工的体育意识，增强员工对体育运动的认知。可以利用板报、广播、电视、报纸、讲演、体育竞赛等多种形式，对体育的重要性进行广泛宣传，对体育锻炼积极分子的典型事迹进行正面报道，对科学的体育锻炼的相关知识和方法进行准确传授。在此基础上，对职工进行积极的运动教育。

3. 建设体育场地设施

体育场地设施是做好体育工作的必要条件和物质基础，也是构建全民健身服务体系的基本保证。职工体育活动被激发以后，第一步就是要有活动场所和运动器材，各级主管部门要依法对体育场地设施进行管理，确保全民设施建设和管理有法可依、有章可循。扩大对已有体育场馆设施的开放，为群众提供便利，提高对运动场所和运动器械的利用率。

4. 发挥体育骨干作用

企业和机构的工会要注重对体育骨干的发现、选拔和培养，让他们在员工体育中起到支撑、带头、示范和组织的作用，从而带动更多员工参加体育锻炼。要继续培养辅导人员，设置实践基地。建立健身中心，使员工主动参与到运动中。体育锻炼的地点通常由教练员力量、辅导员情况、地方和基层民众的爱好传统、场地器材条件等因素决定。

5. 组织丰富多彩的体育活动和竞赛

体育活动和竞赛是高校员工体育工作的重要组成部分，也是高校员工体育工作的根本途径。在组织员工运动会时，要有特色，有趣味性，达到强身健体的目的。在节日里开展体育运动，既不影响生产，又能丰富人们的业余文化生活，还便于扩大宣传和调动群众。这是一种利用有益身心健康的运动，利用广大人民群众的业余文化空间，对社会主义进行教育，促进精神文明建设的有效手段，自中华人民共和国成立起，就一直在使用这种方式。

6. 建立职工体育评比检查制度

对下属单位的体育活动进行考核，奖励较好的员工、惩罚较差的员工，不失为推动员工体育发展的有力举措。工作单位要对下属单位的各项工作进行定期考核。对于表现突出的车间、班组和科室，给予物质和精神上的嘉奖，对于不积极响应和不主动参与的给予适当惩罚。

（六）职工体育管理工作应处理好的几个关系

“以经济建设为中心，为社会主义物质文明和精神文明建设服务，为职工群众服务，面向基层、面向生产、面向广大职工”是我国职工体育工作的方针，对职工体育工作的基本要求进行了高度概括。在坚持“一个中心，两个服务，三个面向”为基本原则的基础上，要正确处理三个方面的关系。

1. 主业与职工体育的关系

在社会主义市场经济体制下，抓生产、创造效益是企业的核心工作，机关和事业单位也有自己的职责和特长。虽然要重视员工运动，但不能把员工运动搞得声势浩大，影响企业的经营。在长期坚持做好员工运动的基础上，要按照工作的优先次序，对其进行合理的调整与安排。在性质上，工作和运动并不冲突，但是如果在时间安排上没有很好地协调，就会产生冲突。因此，在进行员工体育工作的时候，必须正确地对待二者之间的关系。

2. 经济效益与职工体育的关系

开展员工体育运动需要资金，有的单位领导认为不划算，有的则因为经济状况差，认为没有资金就不能开展体育运动。其实，不管有多大的经济效益，都应该坚持开展。职工体育虽然不能产生直接的经济利益，但是它能够调动职工的积极性和创造性，从而提高职工的身体素质，间接提高职工的劳动生产率。这一点很有意义。

3. 工时制度与职工体育的关系

目前，国家规定工作时间为一周 5 天，每天工作 8 小时，因此，要进行员工运动，就需要考虑时间要素。要正确对待工时制与员工体育之间的联系，实现工作与体育之间的平衡，合理地在双休日和节假日安排一些诸如广播操、工间操、乒乓球、羽毛球等小型的体育项目。

第五章　体育俱乐部与体育场馆管理

第一节　体育俱乐部管理

一、体育俱乐部管理概述

（一）体育俱乐部的概念

俱乐部，也就是“总会”的意思，泛指欧美及其他一些西方社会群体或公众休闲的地方。在我国，它是指机关、团体和学校里的文化休闲场所。在这样一个由亲友、志趣相投人士构成的聚会场地中，可以清楚地显示出一种特殊的社会作用，可以满足成员之间的心理需要。体育俱乐部是指由广大群众共同参加、共同进行体育运动的社团。

（二）体育俱乐部的类型

体育俱乐部是体育运动的一种组织，其表现形式多种多样，其划分依据也不尽相同。根据其运作方式和利益主体，可将其划分为福利性和商业性两种类型。福利性体育俱乐部主要有社区、学校、单位和青少年四类；商业性体育俱乐部分为专业运动社团与娱乐社团两大类。

体育俱乐部也有其他种类，比如根据社团组织的目的和使命，可以分为三类：竞技社团组织、社团社团组织和校园社团组织；根据运动社团的专业化程度，可以划分为职业社团、业余社团等。

（三）体育俱乐部经营管理的概念

运动俱乐部的运作与管理，就是运动社团所需的资源，它包括：教练员、服务人员、市场营销、场地设施、财务、信息、关系等。要使各种资源得到最大限度地利用，管理者除了要采取合理的计划、组织和控制等管理方法之外，还要建立各种规章制度，制订各种措施方案，采用各种营销手段等来推动目标的达成。

二、职业体育俱乐部管理

（一）职业体育俱乐部的生产经营特征

职业体育俱乐部作为体育竞赛表演的生产经营性企业，除有一般企业的共性特征外，还具有区别于其他第三产业及一般文化娱乐企业的特征。

1. 运动员是俱乐部的核心竞争力

所谓“资产”，就是能够以生产要素的形式投入企业的运作活动中，并且为企业产生一定的经济利益的财产。在竞技类娱乐性商品的制作中，各要素之间的搭配比例是一定的，否则就不能进行竞技类活动。专业的体育俱乐部以一群高水准的运动员为中心，其产生的社会效益和经济效益主要来源于专业运动员，没有他们，就不可能有观众，也不可能有电视，更不可能有赞助商。一家专业的运动俱乐部或许具有充足的资金，优秀的管理人员，完善的运动场所等诸多生产因素，但是这些因素却不能代替运动员参加比赛。在体育产业的发展中，运动员是一种重要的人力资源，对专业技术的要求很高，培养和训练周期很长，世界上顶尖的体育人才的数量几乎固定不变，始终处于短缺状态。

职业运动俱乐部的价值，在很大程度上是由球队本身的价值决定的，而球队本身的价值则是由与其签约的球员决定的。一位明星球员的离开，将导致一家专业运动俱乐部的身价和运营收益出现大幅波动。所以，对职业队和运动员的管理与培养对于职业体育俱乐部来说具有重大意义，俱乐部的管理工作以职业运动队和运动员为中心，从而衍生出一系列活动，比如，运动员工作合同、运动员工资奖励及福利、运动员转会、运动员管理规章制度、运动员形象的包装与开发、后备人才的培养等，这些都是为了使这一重要资源得到更好的开发与使用，从而实现俱乐部资产的增值。

2. 竞赛水平是俱乐部发展的原动力

专业运动俱乐部所提供的产品为竞技性休闲产品，其核心要素为运动员在比赛中表现出的良好竞技能力。体育竞技是影响体育产业发展的重要因素，而体育竞技是体育产业发展的重要载体。俱乐部竞争的程度除了与其营业收益相关外，还与其所处的社会地位密切相关。所以，各个专业的俱乐部管理者都把球队的训练作为竞争的重中之重，并愿意付出全部努力来改善球队的训练环境，提高球队的竞争水平。通过对比赛的重视，可以提升俱乐部的品牌形象，增加其无形资产，扩大其业务范围，从而在经济上实现良性循环。

3. 俱乐部的生产经营活动必须依靠行业联盟

只有在激烈的比赛中，运动员的运动技巧才能得到最大限度的发挥。也正是由于竞技比赛具有较强的激烈程度，能让人产生刺激、兴奋的享受。竞技结果的偶然和难以把握的性质，会让人产生充满悬念的感觉，这就使竞技拥有一种独特的魅力，将人们吸引到竞技场上。竞技运动的这种特性，使专业的运动俱乐部的生产和运营与一般的商业企业、文化和娱乐业有明显区别。一家公司可以单独进行某种商品的制造和运营，但这种垄断并不会妨碍公司的成长，反而能带来一定的垄断性利益。而在专业的运动俱乐部中，就没有这种东西，它需要几家俱乐部联合在一起，才能制造和运营一种新的东西——比赛。企业通过竞争和合作的方式来完成企业的产品生产和管理，企业之间需要建立协调、合作和制约的关系，并需要解决一系列问题。在我国竞技运动的发展过程中，竞技运动的成败更多地取决于其成员间的协作，更多地要求对竞技运动的机构进行监督、制约与协调。

4. 无形资产的开发利用是俱乐部经营内容的重要部分

目前，我国的竞技运动俱乐部虽然也存在一些有形的商品，如俱乐部的标志产品，但其运营主体却是以无形资产为主。无形资产是由特定主体控制的，它不具备独立的实体，对生产经营与服务可以继续产生影响，并给企业带来经济收益。很多俱乐部冠名权，通过电视转播权，比赛场地、球员的队服、明星球员以及俱乐部标志的使用权利。甚至俱乐部的实物产品，门票的销售，都与俱乐部的无形资产有关。一支球队的无形资产，其本质就是它的社会形象和信誉。现在，现代职业体育俱乐部已经不只限于对主场门票的运营，更加注重与包括媒体等的社会各方之间进行广泛沟通，从而塑造出让球迷们对球队有归属感的方式。对专业运动俱乐部的无形资产进行评估，主要依据的是市场需求。随着社团社会性和社会认知度的提高，社团所拥有的无形财产的市值也将增加。大部分职业体育俱乐部在发展和使用中获得了比其他收益更多的收益，这体现了俱乐部在发展和使用过程中所具有的一个明显特征。

（二）职业体育俱乐部的经营管理

职业体育俱乐部均为自主经营，自负盈亏，不论其出资方式如何，均实行单独会计制度。要想在这样的环境中立足，就需要坚持以市场为中心，不断提高自己的服务水平，扩大自己的融资渠道，只有这样，才能使自己的经营机制和经营能力得到充分发挥。在联赛中，联赛的运营收益主要包括联赛门票、赛事转播权、竞技人才、赞助和广告以及商业发展等。

1. 门票经营

球票买卖是专业运动俱乐部最重要的业务之一。就全球而言，这项业务大约占据了专业运动球队总收益的1/3。随着计算机及资讯科技的进步，近年来，我国的票务工作已有较大改变。球票销售是球会的一项重要经济收入，球票对球会的发展起着非常重要的作用。要做好售票工作，必须坚持“以人为本”的方针。观众们在竞技场上投入了大量的资金和时间，同时也提升了竞技场的人气。所以，俱乐部在销售门票的时候，要充分尊重观众，满足观众的需要，要努力打造能够满足各种观众体验激动、欣赏、宣泄和交往需要的场所。要实现这一目标，必须从以下六个方面着手。

（1）了解观众的需求

了解观众对赛事的需求是多销售门票的前提。俱乐部销售门票前必须了解：赛事观众是谁，住哪儿，多大年龄，兴趣，性别，通过何种渠道获得赛事的举办信息，如何付款等，上述信息对售票数量至关重要。

（2）价格确定

票价是由比赛特点决定的。对于欧洲的专业球队来说，卖票是一个很重要的条件，那就是每个人都必须为自己的球员买票，包括球队的工作人员。只有特定的目的机构才能自由出入场地，如一些急救人员、场地工作人员等。这很难做到，但是为了俱乐部的存在，这是一个很重要的要求。另外，票价也要根据受众的支付水平而定，比如，对学生、少年儿童打折，这是由于他们是社团举办的主要对象，这样可以让更多青少年参与社团。此外，亦为失业及退休人士推出折扣券。票价也会依地区及地点而定，并会因位次而有所差异。

（3）类别划分

俱乐部门票依据不同的观众对象及付款能力分为多个类别，如对号座位与无号座位，座位（又分为单椅位和长凳位）与站位，成人位与年轻人位，军人，学生，退休者（要求带身份证）与会员位，家庭套票（常是无号位），包厢座位等。

（4）联赛卡的销售

欧洲各大联赛卡牌的推广都深受各大联赛卡牌的关注，所以都会安排专门的人员来负责这件事。这不但可以让球队在比赛之前得到一大笔钱，还可以让球队根据卖出的卡片数目来决定比赛方式，以及比赛中的相关活动。买卡的人一般都是球队的铁杆粉丝，除了自己每次都会到场之外，还经常会请自己的好友来观看球赛，所以有必要把买卡的人以及他们的联系地址和电话都列出来，这样可以方便联络和直接邮寄宣传。除了联赛卡，通常还出售联票，也就是十局同时出售，持有联票的人，每次观看一局，都会在联票上加盖一个印章，可以同时观看十局，也可以和好友一同观看五局。可以选择自己喜欢的赛事；确保良好的位置和观景空间；购买门票后无须在现场等候，可迟点来参加比赛；预留至最后一轮，或用于下一轮比赛，等等。各球队在制定联票额时，必须综合以上几点，特别是最后一场。有的俱乐部甚至会推出会员制，这种会员制是向赞助商出售的。在出售联赛会员制时，一般会以奖励及赠予等形式来推广。

（5）门票制作

印制球票并不困难，但是要做到每一张球票都能同时满足每一场、每一张球票的需求却不容易。欧洲球馆的球票一般分为三类：一是彩印球票。这张票分为三个部分：一部分为进馆之用，一部分是用来登记座位的，还有一部分是用来兑换奖金的。二是用电脑出票。俱乐部可以通过互联网实现对各个销售网点的联网。这样一来，各大俱乐部就可以很好地掌握各个阶段的票房状况，从而更具灵活性，也可以更好地将相关宣传刊登在各大球票上。三是加盖公章的票据。这种票最大的优点就是很难作假，而且很容易被人认出来，这样可以防止票丢了以后被人捡到卖钱。

（6）销售渠道

①预购销售。其优点是无须排队，避免售票处人满为患。

②电话销售。适合赛季卡和联票销售。俱乐部设有营销部门，在比赛开始前，根据球迷信息电话联系进行询问销售。

③固定地点销售。包括赛场售票处及相关的体育商店代售。

④广告销售。比赛开始前一周，俱乐部通常在媒体上做广告或举行某种宣传活动进行销售。

⑤促销。俱乐部通常与赛事赞助商一起进行促销活动。

⑥委托专门的售票公司销售。专门的售票公司配备了非常高级的现代售票系统，是专门销售各种门票的专业公司。

2. 转播权经营

各种比赛转播权的买卖，是一项十分重要且稳固的收入来源。随着转播公司对重大比赛转播权的争夺愈演愈烈，转播费急剧上升。通常情况下，转播权都是在各个职业联赛中进行出售，而每个参加联赛的俱乐部，根据他们在联赛中的表现，从中抽取一部分收益，也有一些是他们自己出售的。各种比赛的转播权，主要是指电视转播、广播、网上直播等。

（1）电视转播权出售

①无线和有线电台转播权。

②各类电视产品播放权。

③赛事播放权。包括电视台直播整场比赛或在以后重播的权利。在协议中应明确是否包括集锦权，电视台是否可以将比赛部分剪辑、录制成一个精彩的集锦片，在比赛结束后立即播放。

④重播权。体育节目播放贵在即时和新意，但重播节目在不同情况下仍经常发生。

⑤新闻保护权。新闻保护权意味着电视台购买多少分钟显示比赛的权利，新闻保护权的时间单位通常为 3～15 分钟，以此标准进行结算。

⑥集锦权。电视台常播放一项重要比赛的集锦，如世界杯足球赛。集锦意味着对电视台在时间上严格限制的权利。电视台依据此权可选择最好的比赛场面并剪辑成一项时长几分钟的节目供高级享受。

⑦录像产品。各类录像产品的销售已经成为职业体育俱乐部的一种固定收入。

⑧继续销售权。电视台是否拥有将其电视资料出售给其他电视台的权利，这是俱乐部关于出售谈判中应注意的一项重要权利。

⑨播放地区范围权。俱乐部一般限制电视台播放的范围，如全球、全国或某地区。这意味着电视资料是地区范围的还是全球或全国范围的。除非有额外花费，电视资料才可以在其他电视频道或在其他地区的电视台播放。

（2）广播权出售

俱乐部也可以向当地的商业电台销售电视节目的转播权。这一办法与电视台的办法大致相同，但是在选台时要注意：哪个台受众较多，哪个台具有良好的形象，哪个台又开出了更好的价格。大部分俱乐部都不会通过广播获得直接收益，他们会用广播来交换广播节目，向俱乐部的赞助商提供这些节目，以此获得经济上的支持。

①赛事广播权。电台可在体育节目播放时直接播放赛事，电台评论员向听众传播有关赛事的知识，此种播放权价格差异很大。

②新闻权。这意味着电台拥有在比赛进行过程中访问运动员的权利，时间常限制在 3～15 分钟。

③集锦权。在体育节目播放前，广播评论员的评论，俱乐部应在协议

中注明此类权利的价值。

④继续销售。协议中应做出某台如果将广播权出售给另一电台的相关规定。据此，俱乐部也可以从另一地区电台获得客场比赛的收入。

⑤何地区有效。协议中关于广播权广播范围的规定也很重要。这意味着与俱乐部签署协议的电台仅有在它所属地区广播的权利，这样俱乐部还可将广播权出售给其他地区的电台。

3. 运动人才经营

对职业俱乐部来说，体育人才是他们的主要经济来源。职业的体育社团往往会有较多高水平运动员，也会有较多替补球员。现在各个职业俱乐部都在争夺更多利润，所以购买体育天才也是他们赚钱的一种方式，但这是一种非常艰难的方式，也是一种非常危险的方式。这不仅要求具有正确的判断力和敏锐的嗅觉，而且要求对市场非常了解和经验丰富。在运作上要考虑六个因素：①职业运动员的身价。其等级越高，价格越高。②转移规定在各种体育活动中是不一样的。第一个先决条件是，各专业的俱乐部必须了解相关的规定和收入来源。③支付方式。在所有类型的转移中，支付条件都需要在合同中注明，而采用银行保证就是一个很好的方法。④怎样做才能保持下去。其中一个关键因素就是新球队如果在新合同中持续出售，老球队可以在新合同中获得收益。⑤怎样才能持续地进行选手的推销与招聘。对玩家的潜能有准确的判断，这是一种博学多才并且有很强的本能。⑥同运动员经纪商一起“买卖”运动员。与球队相比，经纪人拥有更多的接触机会和掌握更多的操作技巧。

4. 赞助与广告经营

冠名和广告费的运营收益在球队的财务中占有举足轻重的地位。太多公司都想利用运动会来提升自己的品牌形象，宣传其商品，获得更多利润。各个俱乐部利用自身在所处地区的知名度和运动项目独特的广告效应，想尽一切办法来吸引大量的企业或公司对其投入巨额的赞助费。

5. 商务开发经营

商务开发的内容包括：俱乐部标志的转让使用、俱乐部标志产品（例如运动员服装、纪念品等）、会员会费、运动场地租赁等与体育竞技有关的产品的开发和应用。尽管商务开发在球队收益中所占比例并不大，但却是球队运营的一个关键指标。由于它需要主动、冒险和开拓精神，所以对于有目的地进行市场调查与分析，并制订良好的营销方案等有更高的要求。在国际上，为了建立自己的“自我造血”机制，获得比较稳定的收入，很多国家的足球俱乐部都非常重视这方面的管理和发展。

三、健身俱乐部管理

（一）健身俱乐部的概念

根据俱乐部业务的特点，可以划分为公益性与商业性两类。公益性健身俱乐部是为了满足人们的健身需要，以开展群众体育活动、促进身体健康为最基本目标的体育机构，它的经营目标是为人民群众的身体健康提供更多帮助。商业性健身俱乐部以满足大众健身、休闲、娱乐等需要为目标，它的经营者将商业性健身设施作为活动场地，利用市场机制和利润机制来运作，它的运作以盈利为首要目标。

根据健身中心的作用，可以分为三类种：第一种是在宾馆里开的健身房，通常都会提供一个泳池，但是它的场地比较小，比较昂贵，并且没有足够的知名度，所以它的服务对象是宾馆的顾客。第二种是会员，主要针对中等以上收入群体，设施齐全，课程丰富，教练实力雄厚，所以很受欢迎。第三种就是普通的健身会所，这种会所的设施比较一般，但很受欢迎。

（二）健身俱乐部的特征

1. 商业营利是根本目标

作为企业，基于市场的需要，健身俱乐部首先考虑的是消费者的需求。因此，必须以提供较高质量的体育服务为手段来营利，才能获得生存发展的基础。

2. 优质体育服务是核心产品

健身公司的经营目标是为客户提供高质量、科学的健身服务。在开展体育活动中，首先要充分利用体育活动中的“高品质”为客户服务；客户来这里是为了休息，所以俱乐部应该尽可能地让客户在每个细节得到满足，从外表和精神上都能真正地体验到休息的快乐。其次要确保体育辅导工作的科学性与高品质。客户通过健身企业来进行付费健身，主要目的是塑形、减脂、提高体适能等。所以，科学、有效的健身指导服务是基础，也是能够让客户进行消费的最有效服务。最后要重视顾客与服务的交互和对顾客的价值观的感受。在交互价值体验的过程中，如果消费者真的体验到了俱乐部所宣称、介绍和承诺的价值主张和价值效益，他们就会感受到喜悦和满足。相反，他们会感到不满，从而对你和俱乐部之间的关系造成不利影响。而在我国，以“顾客”为中心，对于“顾客”的“价值体验”，能够决定“顾客”针对服务的满意程度。

3. 有效营销是基本条件

健康俱乐部的营销主要包括：产品营销、价格营销、渠道营销和促销营销。目前，社会营销思想已经是企业普遍奉行的一种基本思想，而其中心问题在于，企业在满足顾客需要的前提下，寻求自身的存在和发展。大型的健康中心一般将游泳馆、球类馆、力量练习馆、健美体操馆、娱乐中心、洗浴、康复、餐饮等功能融合在一起，可以使人们在多方面、多层次的需求得到满足。在这个地方，人们可以尽情地进行体育、文娱、餐饮等休闲活动。

（三）健身俱乐部管理的基本内容

1. 健身俱乐部的组织结构

由于健身俱乐部的公司体系、面积大小、可设项目不同，其内部的组织结构可能有所不同，但一般都会采取总经理负责、各分部经理落实的职能式管理结构。

2. 健身俱乐部的一般布局

健身房的总体布置可以划分为前台休息区、训练区、更衣区、健身恢复区、办公区域。

前台休息区，包括前台、饮料吧、销售部、以及会员室或阅览室。

训练区由九个区域组成：①心脏功能锻炼区域。区域内通常配备跑步机、椭圆仪、划船机、动力自行车、步步机等。②称重设备区域。每个区域都有一个单独的函数培训装置。③无负重器材区域。区内通常配备哑铃、杠铃、卧式推杆等。④肌腱的拉伸区。区内通常设置伸展运动器材，并设置露天场地。⑤普拉提训练器材及格斗场。区内通常依据健美会所的活动购买器材，如普拉提器材或拳击场。⑥吸氧训练室。适用于组织各种集体活动，例如有氧健身操、踏板、嘻哈、拉丁有氧健身操。⑦自行车运动室。以团体自行车为主。⑧瑜伽室。大致可分两类：一类是室温式，另一类是高温式。⑨人体亚健康状况检测区域。其作用就是检查身体素质。

更衣区的组成有：①洗澡更衣区。房间包括洗漱、更衣、淋浴、干蒸房和湿蒸房。②公用洗手间。③职工休息室。

健身恢复区域以美容 SPA 为主，健身推拿为辅。

办公区域包括销售部、教练部、运营部、经理部、仓库部。

3. 日常运营管理

健身俱乐部由三个主要的运营机构组成，即会员、教练、运营。这三大部门承担了健身俱乐部的最重要工作和对顾客的服务。在这些工作中，运营部是维持健身俱乐部会员基本健身设备、设施的良好运转，为会员提供安全舒适的健身环境的最重要的负责和监督部门。运营部的经营管理及人员的整体素质，是决定运营部服务质量及顾客满意度的关键因素。传统的健康会所运营部门通常包括：前台，酒吧，销售，收银，服务，清洁，工程，设备维护，美容按摩等。

运营部的主管领导和监督本公司的所有工作，并对本公司的工作绩效进行考评和评价；与此同时，为使会员享受到完整的健身服务，运营部门应该确保健身俱乐部的设备和设施运行良好，保持健身俱乐部的环境干净整洁，确保会员的用品能够得到充分供给。运营部经理是一个健康俱乐部最基本的管理者，负责制订具体的能量控制方案，实现水酒吧的销售目标，对前台的服务标准进行监管。

前厅服务员是会所与顾客交流最密切、最频繁的一个部门，也是会所形象的代表。在这一点上，前台人员的职业感、沟通能力、应变能力都是非常关键的。与此同时，他们还需要熟悉健康俱乐部的标准接待过程，对健康俱乐部各方面的信息都要有充分的认识，还要具备与其他部门高度合作的意识和能力。

出纳人员要对健身俱乐部的财务体系的操作过程和收费系统软件了如指掌，根据公示的价格标准来收取会籍费，快速而精确地将顾客的信息输入电脑中，并打印出会员合约，严格遵守健身俱乐部的规章制度，对会员卡的发放进行有效管理，全方位地帮助会籍部门办理会员的入会、转入和退会等事宜，为顾客提供温馨而又高质量的服务。一些健康俱乐部把收银员和服务生整合在一起，形成一个部门，在会籍部输入数据，然后收银员把数据收回来，对数据进行确认。

酒吧和销售部是为了给俱乐部成员带来更多便利而成立的辅助服务部，同时也是俱乐部向成员提供信息的一个窗口。为会员、顾客及员工营造温暖友好的休闲环境及气氛是水吧及销售部工作人员的责任，他们的言谈举止直接关系到会所的整体形象。大部分健康中心都会把酒吧职员和柜台职员整合在一起，形成一个独立的部门。

健康俱乐部的清洁工作通常委托给专门的清洁公司，也可以自己聘请清洁人员。不论采用哪种方法，都要保持会的干净、整洁。

4. 会籍顾问管理

会员工作，就是要尽可能地满足顾客的需要，并且通过艺术的方式，让客户识别并接纳他们的服务。为了达到这个目的，会员咨询人员需要对自己所拥有的商品与服务有全面认识，并且对会员营销技能相当熟悉。服务即是推销，当会籍顾问将推销的理念应用于为顾客服务，并以帮助顾客解决问题的形式表现出来时，顾客就会逐渐放松警惕，说出自己的需要和真实想法，这就是推销的一种快乐，也会使会籍顾问有一种无心插柳柳成荫的推销自信。所以，近年来，大部分健身房都把业务员的工作改成了会员咨询，这也是一种转变业务员思维的方式。

从整个健身俱乐部的发展历程中，我们可以对这个职位的雇员有所理解，比如从销售（Sales），到会籍顾问（MC），再到未来的健康经纪人

（FC）。简言之，就是推销人员向有潜力的顾客介绍会员，运用专业的推销技能和工作激情来达成这一目标。但是，会籍顾问并不只要对销售技巧有很好的了解，还需要体现出更多会员服务，让会员在健身活动中可以获得优质服务。当然，在此之后，会籍顾问将努力做一个健康代理人，也就是以精通的销售技巧作为基础，以优质的会员服务作为根本，以专业的健身知识和营养知识作为保证，为会员提供优质服务。

5. 健身俱乐部私人教练管理

（1）私人教练的定义

私人教练（Personal Trainer，PT）简称私教，它是一种在健身俱乐部进行一对一有偿指导、提供专业健身服务的健身教练。私人教练的工作就是以会员的体质和体能状况为基础，并将会员的需要和健身目的结合起来，制订一套具有针对性的训练方案，用安全、规范、科学、有效的训练方式来协助会员达到身体和精神健康的目的。

私人教练可以为每个成员制订一套个性化的锻炼方案，并针对成员的具体状况和锻炼目标进行合理的饮食、作息等指导，并负责监督、协助其有效执行。因为有了“一人一名”的个性化培训，他们可以更好地向会员们讲解各种运动知识，并监督和指导会员如何处理运动过程中出现的各类问题，从而使会员达到运动目的。从一定程度上来说，私人教练是介于“医生”和“教练”之间的一种职业：会员要想减肥，私教首先要知道造成学员肥胖的原因，对其进行身体状态的检测和健康评价，并对其生活、饮食、工作习惯进行深入了解，与医生的问诊相似；在练习中，要讲解、示范、指导、监督、发挥教练员的作用。

（2）私人教练的工作职责

身为一名健身师，其首要任务便是协助客户锻炼身体。一位出色的私家健身教练拥有更多心理学、药学、营养学、运动技术等方面的专业知识，能够对客户进行科学的健康教育。除了具备较强的沟通技巧和职业道德外，私教还必须对运动充满热情，能够在任何时候为客户和成员着想。

私人教练要具备扎实的体适能知识，对各种类型的知识要有一定的认识，除基本的人体解剖、运动生理及训练动作外，对医学、营养及运动伤害也要有一定的认识。若能对普拉提、健身球、橡皮筋和平衡器等新的体育项目有所了解，则对提升私教的职业水准，拓展顾客群体，树立“多才多艺”的业内个人健身师的形象等大有裨益。私人教练要以帮助他人的态度来对待这个职业，要关心、照顾、倾听客人的心声、明白客人的真实需要，从而真正帮助练习者完成预定的训练目标。

6. 健身俱乐部的营销管理

健身俱乐部要通过一系列的营销策略，解决俱乐部与客户之间、经营与消费之间的各种矛盾，不断满足消费者对健身的需要。

（1）针对不同的市场调整营销对策

体育产业的规模与一国或者一区域的经济发展以及居民的收入水平有很大关系。比如，北京、上海和深圳这几个人均消费水平比较高的大都市，其运动健康会所发展迅速，拥有广泛的经营领域；而在经济中等和中等偏下的城镇，则缺少了发展健康俱乐部的良好环境。在同一城市中，由于居住环境和人口组成等原因，各区域的健身运动需求也存在较大差异。所以，俱乐部要擅长对地方经济、收入现状以及增长趋势进行深入研究，这样才能促其进一步发展，或者可以在任何时候对其营销及服务战略进行调整，制定出具有差别的营销战略，从而使不同的消费者对体育健身的需要得到充分体现，使我国体育事业能够以最大的规模、最广泛的方式得以发展。在进行关键顾客的市场推广时，要充分考虑俱乐部所处的特定地域，对其周围环境进行详尽的认识。首先，要熟悉周围的基础设施和公共设施，比如交通状况、商店、餐厅、学校、医院、办公大楼、政府机关、住宅区等。其次，要对周围现有的运动健身场所及运营状况进行调查，其中主要有各类运动设施、社区运动设施等。最后，要熟悉周围的人口状况，如居住人数、年龄结构、收入等。这能实现“重点顾客”市场的有效运作，拓展运动健康会所的发展空间。

（2）积极推广会员制营销

由于某些健身中心存在明显的贵族化趋势，排除了一部分有潜力的消费群体，因此需要发展一批低端、中等偏上的健身中心，毕竟现在还有很多中低收入群体，他们也有锻炼身体的需要。随着全国人民对健康的重视，对健康产业的要求越来越高，健康产业的发展也进入了一个新阶段，而这个变化的前提，就是健康会所的准入标准下降。除了为白领和高薪族开设专卖店外，还要为普通民众开设专卖店。在顾客的自觉下，以“服务至上，顾客至上”为经营理念，以优质的顾客服务，更好地维持顾客忠诚。具体内容有：俱乐部第一线工作人员的服务态度与水平，俱乐部对客户需求或投诉的反应速度，以及俱乐部客服体系是否健全等。与此同时，健身俱乐部要增加对顾客的推广工作，充分运用专家人士将顾客邀请至现场沟通、在线沟通、会议或活动，以及电话跟踪回访、DM 信函等各种沟通方式，强化与会员的沟通和联络。在某些节日里，运动健康中心可以进行促销。基础的优惠有：消费赠品，每天的讲座和培训，节庆（生日）礼物，举办集体娱乐活动，以及其他（不是由公司运营的）产品或服务。对于对本会有突出贡献的会员，可在杂志上刊登嘉许。同时，要完善成员的申诉制度，尽可能地对成员制度中出现的问题进行处理。

（3）营造健身俱乐部的文化氛围

健身俱乐部营销指的是将公司的资源再一次组合，将体育健身中反映出来的体育文化与体育健身项目相结合，让顾客对体育健身俱乐部产生强烈兴趣，并在顾客的心中形成持久的、独特的喜好，这就是公司的一种竞争力。因此，在体育保健俱乐部营销中，重点突出的是一种文化，而不是一种产品，它能够与消费者针对体育健康产生情感共鸣。体育运动的市场推广，可以将人们对体育运动的情感和价值观，以一种其他大型赛事所不能及的方式激发出来。利用体育健康俱乐部营销，可以很好地将俱乐部的文化与运动文化的精华相结合，让消费者产生购买意图，从而推动健身项目的销售增长。

（4）运用战略性眼光开展体育健身俱乐部营销

公司没有长远的战略计划，只注重眼前的利益、过于随意是不够长远的。中国公司缺少策略计划这一普遍问题也被市场营销暴露出来。国内大部分健康会所，还是在乎暂时的人气与销售指标，常常仓促起步，把所有鸡蛋都放在一个篮子里。再者，目前国内大部分健身俱乐部都比较小，实力也不够雄厚，更倾向于做一些“立竿见影”的短期经营，在体育营销的观念上也是这样，不太注重对健身俱乐部的市场宣传。这种情况下，健身俱乐部应当以战略的视角来进行体育健身俱乐部的营销活动，具体内容有：制定营销战略、制定战略目标、实施战略，并制定营销战略的宣传和计划等，从多角度、多维度来推动体育健身俱乐部的市场开拓和战略决策，进而推动健身俱乐部快速、良好地发展。

此外，在我国目前的商业健康会所的运作与管理中，还需要注意九个问题：①健康会所的营销环境；②优化的服务供给体系；③提升企业的服务品质，开展企业的个性化、增值业务；④以健康会所提供的服务为基础，结合顾客所能接受的实际情况，制定相应的定价策略；⑤对体育场馆进行调研，并对体育场馆的产能做出预估；⑥利用多种途径，提高公司与厂商、顾客之间的交流；⑦对顾客的需要特征及购物习惯进行深入研究，使顾客持续满意，提升顾客忠诚度，从而形成新市场，引领新消费；⑧掌握与竞争对手相关的产品、服务、价格等信息，做好公关工作，制定与之相关的竞争战略；⑨树立全新的管理理念，做好市场改革。

第二节　体育场馆管理

一、体育场馆概述

体育场馆是人们进行体育锻炼、促进体育事业发展的重要场所。随着城市的不断发展，这些具有特色的运动场逐渐形成了一种新的地标性建筑物。运动场不仅能举行各类运动比赛，还能为市民提供休闲活动和健身娱乐，已经成了城市居民的文化活动之地。体育场馆的发展规模和水平，代表了一个国家的经济发展水平和社会文明程度。其中，体育设施是发展体育事业的物质基础，也是推广大众体育运动、提升竞技体育水平的一个关键因素。在我国“全民体育”的大环境下，我国人民的收入持续增长，生活质量持续提高，休闲和文化消费也在逐步上升，体育界已经进入了全民健身的新时期。体育场馆业是我国体育产业发展的重点，也因此得到了迅速发展，被公认为具有广阔发展前景的新兴行业。

（一）体育场馆的概念及分类

1. 体育场馆的概念

体育场馆是由各级政府投资或社会筹集资金修建的，由各级体育或其他行政部门、事业单位、企业负责管理，它的主要用途是开展社会体育活动，以满足广大群众体育健身休闲活动的需要，它是对包括体育场、体育馆、游泳馆在内的各种类型体育设施的统称。体育场馆主要包括：对社会公众开放并向他们提供各种服务的体育场、体育馆、游泳馆，体育教学训练所需要的田径棚、风雨操场、运动场及其他各类室内外场地，以及群众体育健身娱乐休闲活动所需要的体育俱乐部、健身房、体操房以及其他简易的健身娱乐场地等。运动场地可分为两类，一类是户外运动场地，另一类是室内运动场地。

2. 体育场馆的分类

根据运动场馆的用途，我国的运动场馆可划分为训练型场馆、教学型场馆和商业型场馆。

在国家和省市一级，对高水平运动员进行的系统训练中，训练型场馆有助于他们对自身的技战术水平、身体状况、体能以及心理素质进行全方位提升，从而帮助他们攀爬世界竞技体育高峰，为他们提供各类训练场馆设施。因为训练场的主要功能是保证高水平运动员每天的练习，所以训练场的经营和维护都是由国家出资的。

教学型场馆，是指在学校体育教学中，在课外体育活动中使用的体育场地设施。目前，国内高校体育教育类场地占全国高校体育教育类场地的1/2。这类场地设施主要担负着学校体育教学的职责，以提高学生的体质和运动能力为目的，为各级各类学校的在校学生提供服务。

商业型场馆，是指由国家出资，为公众提供体育活动所需的各种类型的体育场馆。这类场馆的大部分都可以用于居民进行各种体育健身项目、开展体育培训和举办体育赛事，以此满足社区居民的健康、娱乐和休闲需要，从而推动社会全民健身活动的普及。

（二）体育场馆经营管理的任务与主要内容

在对体育场馆进行开发利用的过程中，应当以满足广大民众不断增长的体育需求、维护群众的切身利益和提升场馆的维护能力为着眼点，对社会效益和经济效益进行综合考量，始终贯彻“以体为主，多种经营，全面发展，服务社会”的利用理念，对体育场馆进行多功能开发，建立起体育场馆的多功能服务体系，推动体育场馆的集约化、多元化经营，全面提升场馆的社会效益和经济效益。

1. 体育场馆经营管理的任务

（1）提供公共体育服务，着力推进全民健身

将体育场地的使用重心从满足比赛的需要转向为人民群众提供健康的服务，并放在提高场馆的公共服务能力上，从而促进体育场地在比赛结束之后的迅速转型。在运营和管理方面，要将体育场馆本身的优点发挥到最大，结合当地实际情况，尽可能多地为广大市民提供公共体育服务，将体育场馆建设成为一个场地设施先进、服务优良、健身氛围浓厚、健身指导专业、受人民群众喜欢的区域性全民健身示范站点。

（2）激发场馆活力，逐步减轻财政负担

在保证体育场地的社会效益的前提下，为公众提供最大限度的公众体育服务，充分发挥体育场地的多元化作用，为公众提供具有个性、时尚、专业的体育产品以及体育娱乐服务。从运营和管理两个方面来看，要适应人们不断增长的多层次和多元化的体育文化需要；在提高体育场馆运营活力和收益的同时，应逐渐降低对体育场馆的投资。

（3）加强科学管理，确保国有资产增值保值

要坚定地树立“管理就是效益，管理就是效率”的思想，始终把管理好、维护好体育场馆放在首位，这是一个检验体育场馆运营管理水平的

重要指标。对我国在体育设施多用途使用管理中所取得的成功经验进行仔细总结，并将其转变成一套更加科学、健全的管理体系，将体育设施多用途使用的损耗降到最低，使其使用频繁、使用常新，从而保证体育设施的价值。

（4）传播体育文化精神，打造都市体育地标

体育场馆是我国体育产业飞速发展的标志，也是我国体育文化交流的主要内容之一。在对体育场馆进行多功能的使用时，应该在场地特色以及地区体育文化特色的基础上，对其进行综合运用，从而达到差别化发展的目的，将体育场馆建设成为可以集中展现地区发展的人文精神的一个形象标志，从而使这个城市的品牌变得更加鲜明，提高城市软实力，为建设和谐社会提供强有力的精神力量。

2. 体育场馆经营管理的主要内容及方法途径

（1）组织和推广体育赛事和全民健身活动

体育比赛与群众健身活动是我国体育场馆建设的两大主线，也是体育场馆多用途使用的重要组成部分。体育场馆对各种体育赛事和大众健身活动进行重点开发，这样可以快速提高体育场馆的人气、培训体育消费市场，从而为体育场馆带来综合效益。

体育场馆的利用有三种方式，第一种是利用体育场馆本身的优势，开展各种形式的体育比赛。运用这种方式，需要有很高的综合管理水平，并且有很大的风险。第二种是以租赁场馆为主要载体，开展各类比赛、运动、健身等。这种方式很容易实现，因为运动场只负责提供场地，所以风险很小，但利润也很低。目前，国内大部分体育场馆都是以租赁的形式进行比赛、体育锻炼。第三种是共同发展的方式。体育场馆与其他组织对体育比赛以及大众健身项目进行联合开发，体育场馆利用场地等资源作为股份，实现项目共同开发，风险共同承担，收益共同分享。

（2）利用场馆资源开展各类培训

在人类对自身整体质量的需求不断提高，优胜劣汰的市场竞争思想得到普遍认同的今天，人类的整体发展与社会发展需求相匹配的问题日益突

出。在社会对人才的争夺日益加剧的今天，各种类型的教育都将投入更多资金，这不仅是一种社会需要，更是一种个体能力提升的来源。场馆环境优美，交通方便，设施齐全，具有较好的开展训练活动的硬件基础。

在体育体系中，体育训练项目一般都是通过自己的方式来发展，而其他与体育无关的训练项目则通过租赁的方式来发展。在进行各种培训项目时，应注意三个问题：①培训项目种类繁多，培训对象广泛，应结合地区的经济和社会发展情况，进行针对性培训。②训练市场只是训练服务业的一环，体育中心要做好与之相关的商务发展，引入餐饮、图书等辅助服务业，努力构建健全的训练服务业，带动体育中心其他服务业发展。③在引入训练学校时，应注意训练学校的质量，高质量的训练学校将会产生广泛的知名度，并对运动场的其他运作产生一定作用。

（3）开发各类企业体育文化活动

在经济全球化的今天，公司正处于经济结构、社会制度，以及文化价值观重组的阶段，无论是公司的经营模式还是公司的文化构建，都将面对更大的挑战和竞争。许多公司都会利用各种形式的体育文化活动来增强自己的品牌影响力，塑造自己的良好形象，增强自己的凝聚力，从而提升公司整体竞争力。运动场场地建设，因为能满足公司开展各种形式的体育和文化活动的需求，所以很多公司都把这些场地设置在运动场上。将来，随着公司的迅速发展，对体育文化活动的需求一定会不断增加，所以，体育场馆应该对市场的变化有敏感的认识，并积极地为公司的发展做出贡献。

目前，大部分体育场馆都以租赁的形式为公司开展体育文化活动，服务形式单一，收入不高，而体育场馆中所储存的体育组织和管理人员却没有得到充分利用。今后，体育场馆应该与公司进行紧密合作，对体育场馆和公司的经营队伍进行市场推广，除了为公司提供场地外，还要积极地参加公司的体育文化活动，为公司的体育文化活动进行策划、组织和实施，提供“一条龙”的专业化服务，带来更大的收益。

（4）参与引进文化演艺和休闲娱乐活动

体育场地所承担的重要职能，就是以文化表演、休闲娱乐为主体的休闲活动。在我国，体育场馆的运营收益中最重要的一项就是体育、艺术等方面的收益。运动场因其广阔的场地，良好的音响设备，以及较高的私密性等特点，已成为众多运动表演团体及文化娱乐团体开展各种消遣及文化活动的主要场地。尤其是对于一个大型体育中心来说，可以将体育公园的理念引进来，对其进行充分的绿化，创造出美丽、宜居的环境。在体育中心的公共区域，可以组织并主办各种娱乐活动，来提高场馆的使用效率。

今后，在引入文化演艺和休闲娱乐活动的过程中，体育场馆可以着重在三个领域取得突破：①积极向市场发展，与文化演出公司、文化娱乐公司等进行合作，并积极引入品牌的文化娱乐项目。②具备条件的运动场所可以与文化表演企业开展深度合作，根据项目研究，有选择地对一些有特色的运动场所进行投入，以获取更大的收益。比如，广州国际艺术剧院就曾数次对一些有影响力的表演项目进行营销，以获取较高收益。③与媒体行业密切联系，将传统运动与现代媒体有机融合，经过周密的计划，形成自己的文化和娱乐活动的品牌。

（5）推广体育场馆冠名及其广告业务

冠名是一种很有商业意义的经济资源，它被广泛运用于体育、文化活动、城市设施和交通运输等领域，并逐渐变成了一个能引起人们关注的时代符号。在当今这个时代，一种以获取品牌利益和媒介曝光为目的的商业竞赛正在进行，而冠名权也逐渐变成了许多公司在国际上展现自己形象和力量的一种新方式。冠名权和其他广告资源都是体育场馆非常重要的无形资源。在国外，体育场馆多用途使用的经验表明，对体育场馆中的这些无形资源进行有效开发，可以带来很高的经济效益。

今后，在对体育场馆进行冠名和广告业务的发展时，可以重点做五方面工作：①引入各种品牌的体育文化活动，提高场馆知名度。②对体育馆内的宣传资源进行科学策划，以达到提高其宣传效益的目的。③积极深入市场，做好规划，加大品牌宣传力度。④充实奖赏的内涵，构建多层次、多渠道的奖赏制度。⑤通过与运动媒体、广告业等机构的密切合作，开发新的顾客来源。

二、体育场馆经营管理模式

体育场馆管理模式是指为了达到发展目的而采取的一种决策、组织和管理方式。它的核心内容是：在建设完成之后，对其进行怎样的管理，其中包含对其进行管理的组织机构的设立，对管理组织在社会中的作用进行的界定。从本质上来讲，体育场馆管理是一种在某种管理理念的指引下，将体育场馆的管理目标、管理对象和管理手段结合起来，从而促进体育场馆的高效运行，它是在漫长的管理过程中形成的独特的、比较稳定的管理状态。

（一）体育场馆经营管理的基本模式

从本质上说，我国的行政体制是对传统行政体制的一种继承和发展。在此基础上，我国的体育设施建设是一种以规划与行政相结合的经营方式，是一种兼具行政与公共服务双重功能的经营方式。通常来说，体育场馆属于地方体育行政管理部门的管辖范围，而场馆本身属于独立的法人，在经营方面拥有一定的自治权，并且会根据自己的具体情况设置一个与其管理运营需要相适应的内部组织。随着我国改革的日益深入，尤其是机构的不断深化，我国改变了以往的机构管理方式，其中最突出的表现就是对运营资本的投资。

1. 事业单位自主经营模式

事业单位是一种以社会公益为目标，由国家机关举办或者其他组织利用国有资产设立，从事教育、科技、文化、卫生等活动的社会服务组织。目前，国内大部分大型体育设施均为机构经营，其特点是由国家出资兴建，并成立专业机构对其进行独立经营和管理。按照政府对事业单位财政补助方式的差异，事业单位自主经营模式可划分为全额拨款管理、差额拨款管理和自收自支管理三种类型。

①用全部资金进行经营。全额拨款管理是指体育场馆的所有营运成本（包括场馆维修费）由国家财政资金全额支付，并且是由政府设立的机构对场馆进行自主经营和管理。经济欠发达地区经常使用这种方法，它的特征是：能满足体育事业发展的需求，保证球队的训练质量，为人民提供服务，

并完成体育竞赛等活动，从而获得比经济效益更高的社会效益。

②差异性分配的处理。差额拨款管理指的是保持体育场馆的事业单位的属性不改变，其中一些营运成本是由国家财政资金支付的，与此同时，在机构中采取了企业化的管理方式，实现了自主经营、独立核算。

③预算和支出的管理。所谓的“自收自支”，就是在没有政府的资金支持，体育场馆的全部运作资金都是由自己来完成的，它采取的是一种收支相抵的运作方式。

2. 企、事业并轨模式

企、事业并轨模式是在进行体育赛事经营的时候，为了提升赛事的经营管理能力，以及赛事的经济效益和社会效益，在保持赛事的事业单位性质的前提下，另外组建一家赛事运营管理公司，对赛事进行专业经营，也就是“一个机构，两块牌子”的经营方式。在此模式下，部分运动场工作人员为事业单位的，大部分工作人员为聘用人员。这种企业与事业相结合的运作方式，既可以让体育场地享有更多文化和体育产业的发展机会，又可以使其更好地利用商业经营的优点，从而提高经济效益和社会效益。

3. 合作经营模式

“合作制”是在不改变我国体育设施的国家产权和体育设施事业性质的前提下，由体育设施运营机构与社会企业共同开展运营的一种方式。利用合作经营，双方可以建立起合作共赢、互利互惠的战略伙伴关系，它包括承包经营、租赁经营、股份制经营以及服务外包经营四种方式。

①合同管理。承包经营是指体育场馆单位与承包企业签订承包经营合同，在一段时间内，将场馆的所有或部分“经营管理权”委托给承包者，让承包者对场馆展开运营和管理，并承担经营风险和获得利润的行为。

②以租借方式运作。所谓租赁经营，就是以租用人的身份，将其全部或者一部分经营权委托于承租人，并在一定时间内对其进行运营。租赁公司按照协议的约定，支付相应费用，并对场地实行自主管理。

③实行股票化管理。股份制经营是将体育场地的一些资产按照特定的比例出资，与其他公司或机构一起出资，组建一个股份公司来运营。

④劳务外包管理。服务外包经营就是将一些非核心的工作外包，让最好的、最专业的管理公司来负责这些工作，让他们把精力集中在场馆的核心工作上，以此降低成本，提高效益，增强场馆的核心竞争力。在国内，越来越多的体育场馆将服务类的工作，如保洁、保安、餐饮、票务、特许产品等，外包给一些专业的公司，并获得了很好的运行结果。

4. 委托经营模式

所谓委托经营模式，就是指体育设施的产权单位（通常为政府），按照效率优先、成本最低的原则，利用公开招标等市场机制，将体育设施的运营管理权转让给一个专门的公司或其他专门的组织，然后由这个组织对场馆进行运营管理的一种方式。从本质上说，它是指以国家为主导，由国家向高校采购体育公益事业，将高校体育公益事业的产权和管理权相分离，从而达到提高高校体育事业经济效益和社会效益的目的。

“托管”与“合作”最大的不同之处在于：“合作”是在不改变“机构”的基础上，“机构”和“合作”形成了一个“利益共同体”。而委托经营模式则指在建设好体育馆之后，国家没有设立任何机构来对其进行管理，而是公开招标，从而实现了对体育馆所有权和经营权的分离。通过使用委托经营模式，社会企业的经营管理资源得到充分利用，体育场馆运营管理的专业化程度得以提高，体育场馆运营管理的经济效益和社会效益“双丰收”。

5. BOT 经营模式

BOT 运营方式，即不由国家直接出资，而是引进私人资金参与到体育设施建设中。在建设完成后，可以在一段时间里获得特许经营和运营收入。期满后，该经营权由国家无偿收回。在这些方面，北京奥运会的体育场馆最具代表性。北京奥运会的体育场馆在设计上，积极学习国外的成功做法，采取 BOT 运营方式，把体育场馆的建造和利用两个方面进行整合。

6. PPP 管理模式

PPP（Public Private Partnership，PPP）模式是指以特定场地建设为基

础，由政府、私营、非营利组织组成的一种以公共利益为基础的协作方式。该模式是指政府以招标的方式与竞标方组建的体育场馆工程公司签署特许经营协议，工程公司承担体育场馆的融资、建设和运营。一般情况下，国家会与放款的财务机构签署一份直接合约，但不会为该计划提供任何保证，但它会根据与该计划公司订立的合约来付款，从而让该计划公司获得该计划的资金。通常情况下，国家并不会直接投入资金，而是依靠项目公司的特殊待遇和市场保障来筹集资金，如果要投入资金，也多是以供应建筑用地的方式。深圳大运中心是以 PPP 模式建设、运营与管理的。

（二）我国体育场馆运营管理模式的方向选择

我国体育场馆经营管理模式的演变经历了由计划主导到市场主导转变，由管制型向经营型发展，由传统的行政管理模式到现代的市场经营模式转型的过程。

1. 坚持公益服务，公益定位不排斥经营

体育场馆经营的好坏并不能简单地用赢利来衡量，它也可以通过社会服务获得收益，甚至一个场馆对社会公共服务做出的直接贡献比它的经济效益大得多。体育场馆的公共价值具体包括：对体育人才进行培训，对人们的身体素质进行全面改善，对城市的整体形象进行提升，对居民的幸福感产生一定影响，为居民提供大量的休闲和娱乐的地方，对周围区域的经济发展起到带动作用，为居民带来更多的工作岗位，促进地方的体育事业发展，对整个城市的文化环境进行优化，对民族精神进行激励，增强人们的凝聚力，对社会治安进行一定程度的稳定。所以，对体育场地的运营，必须突出其公益性质，而不能排除其商业性质。

2. 拓展公共服务内涵，创新场馆经营管理模式

我国对体育事业发展提出了新的要求。不能将体育场馆的公益服务仅限于场馆的开放，提高竞技体育水平、改善国民体质、促进社会经济发展、繁荣社会文化、促进体育产业等诸多领域所展现出的巨大社会效益都是体育场馆所提供的公共服务。这就要求在体育场地的运营中，转变将“为公众提供公益服务”单纯等同于对公众开放的观念。

3. 国有资产必须增值，体育场馆更需经营

由国家投资建设的体育场馆，以社会福利为主，但福利并不排除运营，我们要辩证地理解体育场馆经济效益与社会效益之间的关系。体育场地是一项国家财产，其经济属性是运营，运营的目的是以收益为中心，不能将体育场地当作事业单位来运营。不管是具有事业单位属性的体育场馆，还是具有企业属性的体育场馆，都不可能与其所具有的经济属性相抵触，都需要在运营中获取多种利益，只是可以用政府购买公共服务的方式来实现公益性运营。体育场馆在追求自身经济效益的同时，还可以降低经营费用，实现资产效益最大化，从而提高自身的造血功能，更好地为社会提供服务，充分发挥其公益性。所以，在我国，体育场地的公共服务与商业服务之间存在互为促进、互为依赖的关系。

4. 综合考虑融资、管理和盈利，打造场馆价值链

在经营过程中，要考虑融资模式、管理模式和盈利模式等因素的影响，并与有关行业进行有效结合，构建完整的价值链系统，从而提高运动场地的生产效率。在此基础上，通过对各项目的整合，可以提高各项目的整体竞争能力，进而提高各项目的整体价值。如果一个项目的价值链条出现了断裂，或者是一个不完整的项目，就不可能获得项目的终极收益。

5. 创新管理机制，鼓励社会力量参与管理

在对体育设施进行运营和管理时，我们不应该将其作为一种公共事业，而应该将其作为一种公共事业来加以利用，而不是说，只要有了公共事业，就一定有了公共事业。在确保体育设施具有公益性质并具备一定社会实力的情况下，国家应该努力为其营造良好的运行与经营环境，使其充分发挥公益作用。要使我国的体育事业得到最大限度的发展，就必须改革我国体育事业的运行与管理体制，使其真正发挥应有的社会功能。

6. 充分利用多元融资，调动社会积极性

体育场馆的资金来源不仅限于投入和建造，应转变传统的资金管理方式，将资金投入运动场地的经营活动中。要想突破这个恶性循环，就必须从根源上进行控制，寻求符合中国实际情况的体育设施投资模式，对体育

设施融资的外部环境和制度进行改革，使社会资本以独资、合资、合作、联营、参股和特许经营等形式，主动地对体育设施进行投资，让体育设施的运行和管理由社会资金来完成，从而使体育设施的运行和管理摆脱这个恶性循环。

7. 加强不同资源条件场馆的分类改革

目前，国内仅有少数几个以公共服务为目的、以商业为目的、以公共利益为目的的体育场馆。体育场馆的经营与场馆所处的外在环境（经济发展水平、场馆所提供的体育服务种类、场馆的可达性、公众的体育爱好等）紧密相关。为此，本项目拟在对我国体育产业发展现状进行综合评价的基础上，对其展开定性分析（企业化还是服务化），并在此基础上对其进行分类改造。只有这样，我国运动场的经营，才能真正走上科学的轨道。

三、体育场馆管理发展趋势

（一）体育场馆的发展趋势

在未来的发展中，赛事发展、技术创新和政策导向将成为推动体育馆改建的主要动力。对运动场进行改建，可以提高运动场和比赛的收益，对体育行业的全面发展起到推动作用。对体育场地进行改建，可以大幅提高其商业价值、在比赛中的感受、比赛的品质、在电视转播的品质、赞助利益的价值，从而提高其在门票、转播、赞助等方面的收益。

体育场地资源丰富、多元化和体验优质是体育场地经营的三个关键因素。通过分析国外体育赛事的成功运作，笔者总结出三个要领：构建丰富的赛事和赛事资源，高度的娱乐性和即时性的经验。这些活动对场馆运营商的组织能力进行了一次又一次挑战。对场地运营商来说，要想获得最好的使用者体验，就必须有一个终极的要求，那就是在进行多样化的运营时，必须将运营能力与场地的智慧化进行协调，这是今后场馆运营的发展趋势，也是投资时要特别注意的一个方面。

（二）体育场馆信息化管理

体育场馆服务管理信息化指的是运用现代电子信息技术，对体育场馆的传统行业展开升级，从而提升体育场馆的安全运营和管理效率，这也是政府、行业主管以及设计部门多年来一直在探索提升体育场馆智能化控制手段的目标。

体育竞赛表演、健身休闲、运动训练、体育培训、公益性活动、体育用品销售、无形资产开发、媒体服务、商务活动等都是对体育场馆设施进行的资源管理与开发。以上内容分别属于竞技体育、全民健身、体育产业和体育发展四个方面，其关键是要提升体育场馆的整体使用率和经营水平。与此相适应的信息服务体系也有四个方向：建立大众体育信息服务平台；竞赛运动情报中心，即为竞赛运动情报工作提供全方位的竞赛运动情报支持；以体育界为中心的商业经营活动；体育发展方面的资讯服务。

1. 体育场馆运营管理系统

体育场馆智能化设施和信息化服务技术是为场馆的日常开放运营服务，以及体育赛事、全民健身两大体育骨干服务的信息化管理技术中的一种，它所涉及的服务资源主要包括健身场地和设施服务系统、全民健身一卡通服务、各类赛事活动的组织和发布等，它是场馆开放运营中必不可少的服务与管理内容。

一般情况下，体育场馆内部智能化服务设施及系统的具体内容有：LED大屏幕监控显示系统、楼宇自动化系统、安防自动化系统和消防自动化系统等，它们都是体育场馆智能化管理手段的一部分。

在体育场馆中进行的智能运作，与体育场馆的信息化管理有密切联系，两者共同组成了体育场馆的智能服务系统，为场馆的赛事活动和健康经营提供服务。智能化运营设施归属于楼宇自动化弱电系统，它的作用是保障场馆设施，使设施达到体育比赛、专业训练和健身活动等对场馆安全和环境条件的要求，而信息化管理系统则以场馆资源信息为基础，为全面实现体育场馆开放服务和网络化运营提供保障，信息化管理系统覆盖了体育场馆开放运营服务管理信息化的全部内涵。

2. 体育场馆竞赛信息管理系统

体育场馆竞赛信息管理系统可以将整个体育比赛的服务链条化，它可以帮助解决在体育比赛过程中，各个步骤中烦琐的信息管理工作，使各个步骤中的信息流动顺畅，共享简单，从而使资源得到更好的使用和分配。在此基础上，提出了一种新的体育比赛管理方法，并对其进行了详细阐述。

3. 体育场馆健身信息资源管理系统

对体育场馆的健康信息进行开发与管理，是对体育场馆进行开放服务与信息化管理的一个关键环节，也是建立具有科学性、合理性、现代化的体育设施的基本方法。利用现代技术和信息化手段，服务信息系统可以为体育主管部门、行业协会对场馆开放运营的行业管理指导服务提供决策支持信息，为全民健身人群提供赛事宣传、场馆预订、体质监测、健身指导以及其他个性化健身服务信息，为体育场馆资源开发、经营管理和网络化运营提供管理数据信息。

体育场馆健身信息的内容和资源涵盖许多领域，具体包括全民健身、体育竞赛表演、运动训练、媒体服务、体育培训、公益性活动、行业管理、体育用品销售、无形资产开发、周边商务活动等。

4. 体育场馆信息化管理系统架构

本研究以“科学管理，有序开放，面向大众”为目标，以“科学计划，有序发展”“整合资源，信息共享”为导向，将体育场馆的场地和大众的运动计划作为主要资源，整合金融、互联网、传媒和一卡通的运营者等各种社会资源，并结合运动场所和运动群体这两种主要有利因素，对运动场所的网络信息进行综合、整理、分析和发布，从而达到运动场所的商业服务目的。在安全和标准的支持下，体育场馆管理信息化系统和场馆开放健身服务信息化系统为体育赛事和大众健身提供服务。它为体育行政管理部门和体育行业协会的管理人员提供全面的健身数据统计分析等功能，并为政府决策提供依据。同时，它也促进了我国体育产业的发展，使其更加市场化和透明。这两个系统相互联系、相互补充，进一步完善了体育产业。

体育场馆行业信息化管理系统的功能可以分为四个模块：政府和产业决策支持子系统、代表国家层面的大型公益性比赛活动管理信息子系统、体育场馆经营管理信息子系统以及公众健身信息采集子系统。行业服务信息的来源主要是全民健身活动的开展、国民体质监测情况、健身场地设施情况、体育培训指导和服务情况等，并在此基础上构建“体育场馆健身信息基础数据库”。

综上所述，各系统围绕信息化管理平台，统一指挥和协调场馆运营，集中管理环境、设施、人员安全和经营活动，特别是场地和资金安全，提出了综合性体育设施信息化管理平台。所以，实现体育馆有效运作的必由之路，就是实行信息化管理。

（三）体育场馆的智能化安全防卫管理

体育场馆安全保卫管理是在体育场馆的运营管理中，为预防和排除人员伤亡，保证运动员、观众的安全，并保证场馆设施和赛事的正常、有序运行而采取的安全防护措施。在此基础上，从体育场地的安保与防御的特征以及所要考察的对象的各种状况来看，该定义蕴含两个层面内容：一是体育场地的安保，重点关注体育场地的安保与防御系统的构建；二是体育场馆的安全管理，重点关注体育场馆在比赛中发生的各种突发事件的预防与处理。

在全球化和信息化条件下，重大活动的风险防范工作遇到了新挑战。体育场馆安全保卫管理包括设施安全管理、人群管理、球迷教育、工作人员的引导、酒精管理、紧急医疗与疏散、社会治安管理、体育场馆管理人员教育等方面，它是一个复杂的、动态的管理体系。

体育场馆的公共安全保护体系是由建筑物安全、消防、安防、疏散、信息安全、安全管理、应急指挥中心等组合而成的一种综合性的保护设备和设施。体育场馆公众安全保护体系包括：监控中心，应急预案，消防器材，疏散指示标志，体育场馆公众突发事件的应急处置平台。

体育竞赛活动中的风险预防与处理。风险防范是指企业在风险未发生时，为应对可能发生的风险而采取的一系列措施。它以对危机进行预防、预警和预先控制为首要目的，力求将其扼杀在摇篮之中，并为后续的危机管理各方面做好预备工作。对这一风险的防范不仅关系到事件的发生与发展，更关系到风险带来的危害与损害的大小。假如危机预防可以得到切实实施，各种危机预防的基础建设完备，组织构架设置科学，应急机制预案健全，处置人员尽职，那么危机管理方就可以在很大范围内，提前将局面控制住，并将其妥善解决。体育活动的风险预防体系主要包括四部分：组织机构的准备、反应机制的准备、硬件设施的准备以及人员的准备。

运动场所的安保与防护工作。在国内，对于体育场所的安全防御管理，要进行最大限度的优化，要提升其工作效能，要把危机处理的硬件设施的准备工作作为其基本工作，要以危机处理的机制和方案的制订作为其关键工作，要以避免危机、将危机造成的损失降到最低为目的，建立一套完整的危机防范制度。

第六章　体育赛事管理

第一节　体育赛事概述

一、体育赛事的概念

（一）体育赛事的“概念性”定义

“定义”指的是用简洁而清晰的语言来表达一个事物的内在和外在特征的过程和方式。“属 + 种差”作为一种最基础的界定方式，被广泛应用于植物分类中。该算法的基本步骤为：求出一个被界定词的“相邻类”，再求出该界定词与其他同类界定词的“种差”，最后求出两者的差异，从而得到界定词的界定。

“体育赛事”一词在词源学上源自欧美，在英语中与之相对应的是“Sport Event”一词。

“体育赛事”是一个特别活动的子类别。特别活动可以从两个方面来界定：从组织者的角度来说，特别事件是指除了发起人或组织人的常规（Routine）正常工作或活动之外的一种一次性或不频繁（One-Time/Infrequently）的活动；从参加者的视角来看，特别活动指的是除了一般选择和普通的生活（Mundane A Fairs）外，还可以有一个休闲的、社交的或文化的机会。

按照该界定架构，作为特定事件的一种子类别的体育运动，可以界定为包括体育运动在内的各种运动会或竞赛。特别活动是特定的活动，一个特别的时刻，为了某种特定的需求，往往伴随着一些仪式。也有学者以此为依据，将那些非庆祝性（或仪式性）的事件纳入特殊节事的范畴中，他们认为，特殊节事是从那些非日常事件中兴起的一种现象，它具有休闲性、文化性的特点，以启迪、庆祝、娱乐或挑战一群人的体验为主要目的。

“运动盛事”的“物种差异”指的是运动盛事与其他类似的“运动盛事”（如文化盛事、艺术盛事、商业盛事、展览会、学术会议、传统典礼等）的差异。这种差异的实质是：“运动竞赛”是运动竞赛的中心和主体，因而，“体育赛事”的概念性界定为：一种以运动比赛为题材的、一次或多次举行的、短暂的、群体性的运动。关于这个观念的含义，笔者有必要展开以下分析。

首先，竞技项目的性质与其他项目（如工作、学习、休闲等）不同，是基于人类身体的竞技行为（通过竞赛来决出输赢）。“赛事”由“比赛项目”“竞技者”“裁判”“主办人”“观众”“赛场”“技战术”“资本”“时间”“地点”这 10 个因素组成。其次，该行为旨在展示人类体育竞技行为的力量，并向公众宣告。再次，竞技性与开放性是竞技体育的基本特征。最后，运动比赛的活动性已经超越了运动竞赛的范围，并且具备了一定的经济、文化政治的性质。

（二）体育赛事的“技术性”定义

1.“项目管理”角度的定义

该界定方式的逻辑基础是将运动比赛视为一种能够利用项目管理的有关技术和方法来进行管理的特定活动，并突出运动比赛的组织运营是运动比赛取得胜利的重要原因。具体地说，体育赛事是一种具有市场营销、项目管理和组织文化背景的运动，它受到运动项目、竞赛规则以及社会经济等多种因素的限制，能够满足体育消费的多种需要。竞技运动在具备“项目性”与“竞赛性”的基础上，还应具备文化性、多元性、商品性与价值性等特征。

2.“产业经济学”角度的定义

从产业经济学的角度来看，体育赛事指的是一项由赛事参与人员（包括运动员、教练员、裁判员、竞技科技人员等）以各种运动器材和劳务作为投资，对各种可以被人们观看和消费的人体运动的动作组合产品进行生产经营，还可以被用来进行再生产的衍生产品（例如转播权、广告权、标记特许使用权等）的一项生产经营活动。这项以竞赛为中心的生产性业务，包括门票促销、运动员包装、媒体宣传、赞助、广告策划、标志产品开发等。

从产业经济的视角来界定运动比赛，其内涵有三点：首先，运动比赛是运动比赛的一个关键环节；随着我国竞技运动的商业化，我国竞技运动越来越多地采取了以市场为导向的经营模式。其次，运动比赛已经变成了一种“输入—输出”式的生产性行为。它以运动项目的生产性为主线，以具体的投入与输出为基本特点，体现了运动项目与其他项目的不同之处。最后，由于运动产品在人们日常生活中已逐渐变成了一种“消费品”，运动产品的生产和运营就是一种“输入—制造—消费”的恶性循环。

按照通常的经济原理，一个公司或一个行业所产生的投入，大致分为三种主要类型：土地（自然资源）、劳动和资本，包括体育赛事的投入。在运动活动领域，所谓“土地”，指的是具有特定区域的地域，既可以是一个固定（或永久）的场地，又可以是一个被暂时限定的特定区域。一般情况下，这些资金主要由国家支出，出资的形式可以是免费的，也可以由比赛主办方收取费用。在体育活动中，运动员、裁判、教练员和工作人员都参与了体育活动。每一项比赛的开展都离不开资金的支持，资金的来源可以是赛事主办单位，也可以是政府部门，还可以是企业。在这些资金构成中，有实物资金和货币资金两种。“公共设施”则包括体育设施设备、场地和场馆等。这两类资金都可以由政府机关和提供者（发起人）共同提供。

体育活动的商业化是实现其工业化的必要条件。这主要体现在体育比赛是一种高度综合的商品，它的制作流程要求各产业之间相互监督、相互配合。在市场经济条件下，政府间的协作是以合约为依据，以市场为手段进行的。与体育比赛主办单位产生此关系的利益主体主要有：运动场地设施 / 设备生产商、赞助商和有关的服务供应商，以及中介（代理人）等。体育赛事的生产，也就是指体育赛事的组织者、运营者与管理者，按照一定的程序和规则，对投入的资源进行组合和分配的过程。运动项目制作机构通常分为两大类：一类是独立制作，资金投入与经营并重；另一类是赞助商与运营商共同组建的制作公司（比如《皇家马德里中国之旅》等）。体育比赛不仅是一种商品，也是一种可供市场交换的、生产者使用的资源，它包含在生产中产生的人类活动的观众服务和可用于再生产的衍生资源。

体育赛事的消费主体主要分为两种类型：一是观赏体育竞技表演的人群，二是将体育赛事的衍生资源作为再生产投入品的生产部门，包括现场观众、博彩企业、媒体、使用赛事符号的企业和赞助商等。

二、体育赛事的特征与分类

（一）体育赛事的特征

根据运动活动的特性，我们应将其定位为一种活动或一种商品，以契合现代运作经营的理念。以此为起点，对体育比赛的特点进行了分析，我们可以把它归为一种体育比赛项目或者一种商品，它的特点为：①商品的非实物性质；②产品的生产性和消费性是无法分开的；③产品的生产和使用是密不可分的；④体育产品具有很强的竞争力且易受伤害；⑤运动产品具有一定的非重复性质；⑥体育服务产品的生产、消费和经营者之间存在协同效应。

从这一点出发，我们可以更好地认识到，体育赛事管理实际上是一个项目管理的工程，其特点是：一次性的，有不可预测性，管理工作的复杂性。但其具有与大规模艺术演出相同的生产性与消费性、延展性与增值性、康体与娱乐一体化的特点。

（二）体育赛事的分类

类别以事物的基本性质或明显特点为依据，并有很强的稳定性。在分类上，需要把事物的普遍性质或明显特性作为依据。罗列是一种特定的分类方式，它可以用来展示某些概念的外延。运动项目的类别是理解运动项目、开展运动项目运营研究的必要先决条件。由于运动比赛属于一种特殊事件，可以将其分为三个类型：重大事件（Megaevents）、特征事件（Hallmark events）和更大事件（Mayor events），这个观点得到了广泛的认同和认可。

三、体育赛事管理的范畴

（一）体育赛事管理中的人力管理

在竞技运动中，人不仅是经营者和组织者，而且是执行者和参与者。所以，在竞技运动经营中，人才的经营是最基础、最重要的。任何一项运动活动，都离不开人的投入，人不仅是运动活动的举办方，也包括运动活动的服务者和运动的受众。体育赛事管理中的人力管理是指对运动员、裁判、赞助商、合作伙伴、代理商、观众、志愿者等人员的管理。

（二）体育赛事管理中的物力管理

运动项目自身的特殊性决定了其物质条件的特殊性。物质管理是体育赛事管理中不可缺少的一部分，不同级别的体育赛事管理所要求的物质管理也不尽相同，物质管理的健全程度会对体育赛事的举办产生直接影响。体育比赛的物质管理包括对设施、设备、交通、安全、医疗、餐饮、住宿和媒体转播设施的管理。

（三）体育赛事管理中的财力管理

1. 体育赛事中的范围管理（Scope Management）

体育赛事管理包括立项、计划、确认和变更控制等工作，以实现赛事目标。

2. 体育赛事中的时间管理（Time Management）

给出体育赛事活动的定义、安排和时间估计，制订进度计划进行控制。

3. 体育赛事中的费用管理（Cost Management）

确保体育赛事在预算范围之内的管理过程，包括资源和费用的规划、费用预算和控制。

4. 体育赛事中的人力资源管理（Human Resource Management）

为使运动比赛管理小组的每个成员都能够得到最好的效果而采取的一

系列措施，包括组织计划、人员招募，以及计划小组的建立。所谓“人力资本”，就是已经进入或将要进入社会财富创造进程中的人员。更确切地说，“人才资本”是一种蕴藏在工人身体中的生产力。劳动力的素质是促进整体经济与社会进步的原动力。在此基础上，提出了“人力资本”概念，在狭义上，它是指某一行业或某一企业所拥有的员工的全部技能的总和。

5. 体育赛事中的质量管理（Quality Management）

确保体育赛事满足赞助商和消费者需求的质量，包括计划、保证和控制。

6. 体育赛事中的沟通管理（Communication Management）

确保体育赛事相关信息能及时、准确地得到处理，包括沟通计划的制订、信息传递、过程实施报告和评估报告。

7. 体育赛事中的风险管理（Risk Management）

体育赛事成功需要进行风险管理，即通过识别、度量、响应和控制风险来实现最大安全保障。

8. 体育赛事中的采购管理（Procurement Management）

确保体育赛事所需的外界资源得到满足，包括采购计划、询价、资源选择、合同的管理和终结。

9. 体育赛事中的综合管理（Integration Management）

保证运动竞赛中各个环节的配合，其中包含竞赛方案的制订与实施、竞赛总体变动的管控等。

当今全球体育比赛日益增多，体育赛事管理对全球和当地的经济、政治等产生了非常明显的影响，因此，它的重要性日益凸显出来。近几年，随着重大国际性运动比赛的不断举办，运动比赛的管理变得更加复杂化。如何有效地运用各种可持续发展的资源，办好一场又一场比赛，是一项庞大而艰巨的任务。

第二节　体育赛事的组织实施与管理

一、体育赛事组织与管理的基本内容

（一）配备人员、设定组织方式

在举办大型竞技比赛前，组委会首先要对本组织体系中的工作人员进行整体规划，即为组织建设工作队伍。根据工作目的，结合实际情况，选择合适的人选，合理配置和组建组织机构。人力配置分为量配置和质配置。前者指的是在人数上要达到一个确定的工作任务所要求的人数，要处理好该配置几个人的问题，要以各种工作人员的工作限额作为设计依据，而各种工作人员的配置人数相当于他们所承担的工作总量与工作限额之间的比例。掌握任务与人力、财力和物力的比例关系规律；编制人数的多少，应根据各区域的实际情况，按平均水平来确定。在此过程中，也要根据具体情况，进行分类处理。而在人才培养方面，要确保培养的人才能够全面地完成工作。人才的配置要从个人配置和团队配置两个角度来进行。

（二）建立工作规范

制定工作标准，是实现竞争管理组织机构最优运作的根本保障。在运动项目的组织与执行中，对各种岗位职责的确定、工作流程的确定、考核与奖罚体系的确定，都是运动项目管理工作的重点。确定每个部门的主要工作任务和工作内容。基础责任是指所担负的任务和工作范畴，也就是权力的边界。在将目标计划分解并贯彻到各个部门的前提下，建立每个部门的责任制，做到有归属，并达到分工协作的目的。每个部门都要主动为自己的工作提供良好的环境，努力做好自己的工作，切勿将责任推到领导身上，也不能将责任推到其他部门身上，在对各自的责任进行界定时，还要对各自的相关权力进行规范，做到权责匹配。

将不同的工作内容划分到不同的工作岗位上，从而确定不同的工作职责。因为每个人在这个机构中的位置和职责都不尽相同。岗位责任制是按照个人的职责和分工，自上而下，一层层地设立，最后再执行到个人。在一个机构中，每个人的责任加在一起，就组成了机构的整个行为。

对每一项工作都要建立一个度量标准，对完成的数量、质量以及完成的时间等进行详细说明，这样可以方便地进行实施与评估。有了工作职责、岗位职责和工作规范，还要有一个严谨、高效的考核和奖罚体系，这样就可以对职责和规定的落实状况进行实时、完整的认识，从而对组织的活动进行有效控制。

（三）授予权力

权力是履行责任所必需的。“委派”是一种由上位者赋予下位者某种职责与权力，让下位者受到某种程度的监管，拥有某种程度的独立性。在具体的权力行使中，要充分发挥权力行使的作用，具体表现为：①权利与责任的对等。要做到权利和义务的统一；②义务的绝对性。具体来说，就是“授权留责”，“下放”而非“放权”。③界限性原则。也就是说，授予权力时要清楚地界定权力的行使范围、层级划分的边界。也就是在将各项权力下放到下属手中的时候，由上级授权人实施统一的命令与监控，以确保适当的干涉频次。

（四）总体指挥

总体指挥是指比赛组织方对比赛运作的整个流程中各个特定的工作步骤进行统一的、系统的工作。一个恰当而高效的统领，对于机构的运作具有举足轻重的作用。要想达到高效统一的目标，就需要：①构建一个强大的指挥体系和信息化管理体系；②对指挥员的指挥权要恰当、理性地使用；③必须清楚地知道经营状况；④充分掌握经营技巧以及策略，灵活使用各项经营方式和手段等，才能控制好经营比赛的全流程。

二、体育赛事的组织形式

（一）高层次（大型）体育竞赛的组织形式

不管是哪个级别的体育部门，也就是省、直辖市、自治区、全国、国际比赛，都一定要有一个基本计划，其中包含大会经费来源、竞赛规程、竞赛规模等内容，之后承办者还要给出可行性建议，在得到地方政府主管部门的批准之后，才能将比赛进行下去。在接到主办任务后，由相关的政府部门在相关管理人员的主持下，召开一次与本次大赛有直接联系的政府部门相关工作人员的体育事务协调会（如果是国际性的，也应该包括外交事务部的相关人员），使竞赛能够获得当地相关部门的大力协助，例如在宣传、治安、交通、住宿等问题上予以协助和保障。高级的组织者有义务参与和指导比赛的工作，对比赛中的各项活动进行专门的指导和监管，并且按照比赛的特点和规模，将比赛的所有或一部分资金都划拨下来。此外，在竞赛之前，由上级主管机关视具体状况，与各承办单位协商，制订并发布竞赛附加规则，由各承办单位配合实施，并发出附加规则的通知。本规范在实施期间，有修改、解释等权利。如为国际性个人项目，除了行政事项外，一切技术性条款皆需经各项目技术性条款之核准，并有技术性条款之解释权。

（二）普通单项竞赛的组织形式

在本区域或系统中，为了检验训练的成效，在各级别的体育部门或行业、系统中，组织和主办各级别的竞技体育的年度竞赛以及其他辅助性竞赛，这些竞赛都是由本单位的主管领导来主导和指导的，并由该单位所属的特定的职能部门来经营和组织运动会的竞赛、宣传、保卫、后勤等各项工作。

此类比赛通常只局限于一个区域或者一个体系，所有参赛者都在各自的区域内，并自行负责比赛的经营和资金。主办单位应为其所属企业的相关专业人士，其上级专业人士不应参与主办单位的工作。比赛规则的制订、发布以及实施过程中的修订、解释权均归比赛承办机构所有。

三、竞赛工作的管理

（一）工作程序的管理

大型综合性运动会或单项竞赛的组织程序包括组织准备、组织实施、综合协调和总结四个阶段。

1. 准备阶段

这一阶段主要是根据赛事的发展趋势、现状，制订赛事的总体组织工作方案，并对方案的执行做好准备。准备工作要根据比赛的具体情况和比赛的规模来确定。在这个阶段，工作人员不宜太多，根据通常的规律，省、市级以上综合性运动会在该阶段需要 8~10 名业务人员，在单项竞赛组织管理中需要 3~4 名业务人员（也就是综合事务人员、竞赛业务人员、后勤人员、宣传人员）。

2. 实施阶段

这一环节主要是为了完成运动会规划和竞赛任务。该阶段在竞争管理中是一个非常重要的步骤。第一，将体育中心的工作任务分解到各功能部门；第二，各功能单位经过具体的组织和执行，最终实现全面运作。在此期间，各部门的工作人员都要按照合理、精干的原则，按时到岗就位，同时，主要领导和业务干部也要到第一线对工作进行指导，并及时解决出现的各种问题，确保比赛的顺利进行。

3. 综合协调阶段

其中，“统筹”环节是非紧急且必不可少的辅助环节。这一阶段，重点是解决在组织工作过程中有可能出现的一些问题，比如，在开始制订工作方案的时候，有可能会有一些考虑不周或者突然发生的意外情况，也有可能会有一些因为最初的决定不现实而导致的半途而废等。通过信息反馈，发现与计划和目标发生偏离的因素，判断偏离的范围，并提供修正的基础。之后，使用会议协调方法（一般使用办公会），并与执行过程中出现的意外情况相结合，沟通各业务机构之间的关系，并对相关的政策进行调整，从而疏通被堵塞的环节。这种做法在管理学上称为“追踪决策”。这种方式可以在项目执行初期就把问题解决，从而减少项目执行中对后续工作产生的不利影响。

在此过程中，组委会的主要负责人尤其要克服自己的主观性，对各种冲突要采取弹性、应急的办法。这是由于一些赛事管理者过于注重策略的权威性与稳定性而忽视了策略的实用性。而在经营活动中，策略的不断变更，亦可能令实施者不知所措。因此，在进行竞赛管理的时候，领导人和竞赛管理人员不仅要擅长在反馈信息中，对新形势进行分析，对新问题进行研究，并提出新对策，从而有效地解决新矛盾，还要擅长掌握工作总体规划和保证政策的相对稳定。

4. 总结阶段

此环节为比赛实施的最后环节，这个环节组委会应以一种科学的方法，以文字的方式，对所开展的各项工作做出综合评价。一要充分认识到自己的成就，认真总结自己的经验；二要发现问题，并对其进行改进；三要做好材料分类。应当指出，在这一过程中，是否能够把每一项工作都做好，将对下次比赛的举办与管理产生影响。所以，奥运会组委会要高度关注这个环节，并把这个环节做得有始有终。

上述四个环节是相互关联的。体育活动的组织者在工作中应尤其重视四种情形：①初步工作方案应注重目标导向；②在执行过程中，要严格按照规划的层级和程序进行；③在统筹过程中要注重政策的相对稳定，从而确保各项指标顺利完成；④在进行归纳时，要着眼于结果，为下一步的工作打下良好基础。

（二）组委会各职能机构的管理

各职能机构因工作内容、人员素质要求及工作方法不同，在管理上也有所不同。

1. 组委会办公室的管理

公司是一个综合性的工作部门，隶属于组委会。它的重要功能是：组委会的办事机关承上启下、协调左右、联系内外、督促催办各部门工作，贯彻决策，为领导提供信息、意见和参谋，推动工作进展。在奥委会的所有工作部门中，该委员会居于核心位置。无论是综合性的运动会、单个的运动会，还是大型运动会或者小型运动会，通常都要设置一个办公室，它的工作人员的组成、岗位设置、工作范围，要以运动会的规模、项目设置和比赛形式为基础，进行灵活设置。建立这一组织必须把握好两个基本原则：一是最优的人事，二是明确的责任。

（1）办公室的主要工作内容

办公室的主要工作包括事务管理，办公室文件管理，信息管理，文件传输等。

①交易。负责组委会各种工作会议的筹备工作（包括会议通知、会议资料、会议日程安排等）；对委员会决策的执行进行监督，并将结果及时反馈给委员会的领导；体育赛事信息网的建设与管理；负责与组织方有关的对外联系和沟通；负责组织重大赛事的重要领导和来宾；负责与相关的社会团体和人士沟通，并提供所需的联系；参与本次会议的组织负责人在会议前与会议后的联系；负责组织委员会组织的各种会议的场地布置、门票、邀约的分发、会议礼物的采购；诸如传递文件之类的特定工作。

②办公室文件管理。办公室的文件管理主要包括三方面：文档写作，文档处理，文档管理。一份公文的生成，要经过草拟、拟定、书写、审核、发出、抄印、使用、分发等过程。公文处理的具体步骤是：收文、拟办、批办、承办、阅读、催办、办复等。其中，催办、查办是非常关键的程序，唯有强化催办和查办，才能使办文的效率得到提高。文档的管理工作包括以下几个方面。

a. 建立文档管理运作体系，规范文档的写作形式，并对文档进行分门别类的设定，简化文档的审批流程。

b. 由专门人员负责审查提交的资料。这就是所谓的“正确”和“准确”“不使用形容词”“不使用短语”。

c. 制定精简、方便和通畅的文件处理流程，并对文件进行快速和及时的处理。

d. 严谨的档案管理：由专门人员进行，并负责档案的保存（包含随档案而来的指示、批注、各批注单位的评论等）。

③情报工作。机关作为一个综合性的信息化管理机构，在机关的各项工作中，情报工作是一项十分关键的工作，我们要正确理解它的地位和功能。能否及时、准确地获得信息，并且综合充分地使用这些信息，是衡量本办事处工作水准的一个重要指标。提供及时、准确、全面的资讯，并给予建议，是办事处资讯工作的根本。

建设信息网是一种以优化决策与优化管理为目的的系统化的科学手段。比较大型的竞技比赛，都应当构建相关的信息网络，使得所有的赛事数据都能够方便地被检索和利用，这样可以极大地提高工作效率。

（2）办公室的岗位设置及人员素质要求

在此基础上，结合历届大赛和个人项目比赛的具体情况，本文提出了一种新的管理模式——“五职”管理模式。

①主管职位。通常有一个科室的科室主任和一个或两个副科室的科室主任。工作职责：对办公室工作负有（或主管）责任。具体内容：制订办公室工作职责、工作规范，进行工作分工；组织召开组委会日常工作会议，参与各类重大活动的策划和最终确定；对以组委会名义下发的各种批文的形式及文本进行审查；公务员有责任为公务员作思想工作，并有权利运用调整。担任该职位的工作人员，首先，必须具有良好的思想品德、道德品质，并具有一定的行政工作经历，对体育比赛的整体策划和管理有所认识，具有很好的统筹和组织办事的能力，可以带领整个办公室工作人员把工作做好。第二，具有较强的分析判断能力，能够抓住主要问题，区分轻重缓急，思维开阔、敏锐，富有创造性和想象力。第三，能够协调整个部门工作人员的关系，充分调动他们的积极性，发挥他们的长处，避开他们的短处。第四，能严格要求自己，宽容待人，不因自己的喜好而去评判别人，而且具有统筹各方的能力。办公室的副科室主任可以按照上述的任务划分，辅佐科室主任完成日常工作。

②文秘岗位。在办公室中，机要秘书是一个非常重要的职位，该职位的主要职责就是起草、写作、修改以及文本的校对。此外，它还负责对各种组委会会议的纪要进行归档。另外，秘书岗位还承担着代表办事处的各

类文件和其他文件的收发、归档、登记等工作。该岗位的工作人员，需要具备一定的政治、思想意识以及政策知识，具有很好的写作能力，对比赛工作的规则了如指掌，具有办公室秘书工作的经历，对文件的处理技能以及行文流程了如指掌；计算机使用熟练；为人正直，有责任心，有原则，有良好的保密意识。

③综合行政（现场）岗位。综合管理岗与普通机关办事处的外勤岗相似，但其工作范围并不局限于外勤，还包括许多信息管理工作以及协调左右、了解情况、查办工作、提供信息、管理文件、管理印章等工作。该职位要求员工具有为群众服务的强烈意愿，敢于承担责任，具有较高的综合素质，要有原则性和纪律性，有诚信，有信誉，要会使用电脑，还需懂一些基本的信息和文件的处理方法。

④联系（现场）哨所。由于体育赛事的特殊性质，体育赛事组委会必须与各相关的社会团体和人员进行广泛和必要的联系。比如，负责与社会上的各种联系事宜及组委会领导参加活动的事前、事后的联络，以及组委会举行的各类会议的地点安排，票务和邀约的发放，大会礼品订购，文件送达等。该岗位的工作人员要有扎实的工作作风，以及严谨的工作态度，有较强的工作能力，有丰富的社交经历，有耐心，热情主动，有亲和力，有较高的工作效率。此外，还需要很好地理解领导的意思，能够主动解决各种问题，并把上司安排的工作做好。

⑤特殊岗位（IT 主管）。专业人员是在大型赛事中，帮助办公室进行文字处理及信息网络管理运营的特殊岗位，它具有工作内容单一，不与其他部门产生综合性工作联系的特征。其中应包含电脑操作人员、印刷人员、通信转接人员，如有需要，还可配有档案管理员。上述职位的工作内容包括：文件的输入和调用，文件的打印、复印和装订，数据的处理和整理，文件的交流和联系。该岗位的工作人员必须具有该工作所需要的专业知识和技术，具有勤勤恳恳、无私奉献的服务理念和品质以及一定的保密意识。

（3）办公室的工作程序及主要任务

各部门的工作流程，因比赛性质及比赛项目的规模而定，并非一成不变，各部门主管可依具体情况随时调整。

根据通常的规则，办公室应该将运动会的筹备、实施、总结三个整体的工作过程相联系，从而形成自己的工作过程。这个过程还可以分为五个部分，分别是：建立机构、筹备会议、落实筹备计划、整体协调、总结收尾。

（4）各种会务的组织

通常情况下，由公司举办的会议可以分为两种类型，一种是按照时间顺序定时召开的工作会，另一种是不定时召开的主题或大规模的综合性会议。会议内容包括：筹备委员会会议、组委会常务委员会扩大会议、办公例会等；主题会议有现场工作会议、各代表团准备会议、各代表团团长会议、主席团会议、经验交流会议等。办事处决定参加不同会议的人数，会议的内容和任务，会议的主持人。

赛会工作是赛会办的一项重要工作，赛会工作的好坏将对赛会工作的开展产生很大影响。为此，办事处应认真做好以下几点，以便安排特定的会议。

①会议题目的确立，会议的具体位置和参会人员的确定，会议的内容，会议的流程，会议的规格，并提交给主办方审核。

②打印会议资料，制作会务资料，整理会务表，发送邀请函和通告给参会者。

③为组委会的负责人起草演讲大纲、筹备会务物资、安排场地、安排会议小组、安排工作人员。

④在会议开始之前，对会议现场进行一次全面巡视，未完成的事项要在会议负责人的监督下一一完成。对于大型、长期会议，要及时记录、汇总，对一些小型会议要做好笔记、汇总、分发等工作。

（5）办公室人力资源配置的一般规律

因为是临时组织，组委会的工作人员都是从其他部门挑选出来的。资金的来源和利用也是一次性的方式。合理利用资源和节约费用是会议主办单位的目标。

在举办大中型运动会时，各阶段的工作任务和工作量是不一样的。因此，员工的录用也有所不同。比如，在比赛开始阶段，很多工作还没提上日程，所以需要的工作人员比较少；在准备阶段，应当根据工作量的增加而相应地增加工作人数；在会议开始到结束这段时间，运动会的工作人员数量达到了最高点。在没有明确工作任务的基础上，没有对各个时期的员工运用做出准确预测与分析，将导致两种后果：一是大量的员工过于集中、提前，导致员工利用出现浪费；二是因为工作人员配置不到位，造成了工作中的一些疏漏，或者无法按时完成工作。

经理可以按照工作的数量和进程，把员工的需求分为若干个等级，并为不同类型的员工制订时间、数量计划。同时，也要制订人员逐步离开的时间和数量的方案，因为在工作结束后，工作人员应该逐步撤离。只有如此，才能够更好地发挥对人的使用、控制和管理的作用，以确保每一项工作都能做到事中有其人，人尽其才，人员适宜，从而提高工作效率。

（6）组委会办公室应注意的问题

在工作中，要有一种为竞争工作而服务的观念。若忽略了这一点，那么，在办公工作中很可能会变得事必躬亲，或者不能随心所欲，从而产生工作上的错位。因此，要从人员配置、制度建立和服务范围上，形成“以点带面”扩散的意识。其次，要把重心放在各方面和各部门的配合上。在过去的大中型运动会中，由于任务繁重，时间紧张，临时任务众多，各部门会因为工作繁忙而忽视了密切配合，导致上下、左右各层级沟通不畅，互相帮助不够。因此，要加大相关的对策和方法的制订，要及时了解和传达信息，要对各方面的工作进行协调。最终，将办公室作为一个提供信息的地方。资讯内容涵盖了各部门的工作动态，参赛单位的意见及要求，主办单位的各项指示及决议，以及社会各界的反应等，要对上级、各部门、各比赛场地进行反馈。我们要及时向有关部门和领导汇报情况，确保信息畅通。

2. 组委会竞赛部门的管理

竞赛部门是竞技活动一个非常专业的机构，它在综合赛事或个人赛事中起着重要作用。它的职责是根据大赛的宗旨和使命，落实大赛举办方（机构）的意愿，开展从大赛准备到完成的一套组织工作。所有参赛单位均应根据比赛工作的各个阶段制订相应的工作方案，确保比赛顺利进行。所以，竞赛机构的工作不但要与竞赛的总体规程和各个单项竞赛规程、规则的要求相一致，而且要在比赛组织过程中将赛事的宗旨充分地反映出来，才能实现大会的期望目标。这个部门的工作效果与品质，直接关系到一场比赛的成功与失败。

（1）岗位设置

工作内容和人员需求，竞赛机构的职位配置应该与赛事的规模相适应，尽可能地表现出机构简洁、人员精干、办事效率高的最优原则。各种比赛项目通常设置以下岗位。

①主管职位。比赛部要有相应的正、副领导，负责整体、具体地组织和领导比赛工作。主要职责是制订比赛工作计划、工作进度、工作规范及各项规定；对所负责的各种公文进行审核；负责组织与相关部门的各类会议；对竞赛资金的运用进行规划、管理和审批；负责本部门员工的调配和管理；在适当的时候，对该部门的工作进行安排。担任本职位之经理者，须具有相关之行政职位；具有丰富的行业经营理论与实践；具有优秀的行政管理技能，书面及口头沟通能力强；反应速度快；掌握一定的规划与组织技巧；具有较强的担当意识，严格要求自己，能充分发挥员工的主观能动性，做好员工的思想工作；具有良好的经营理念，了解比赛资金的运用及各种经营规则。在重大赛事中，比赛的领导职位通常设置一个正职、两个或三个副职。在个人比武中，通常设置一名主任、一名副主任。

②综合处秘书岗位。参与制定并修订大赛前期比赛总体规则；在竞赛部的工作任务中，负责各种文件的撰写、发放，并督促和检查；负责各种科目的注册登记、变更和其他数据的处理，并制作表格和报告；对在审核过程中发生的投诉和信访事项进行汇报；与其他相关部门进行联络与沟通；每天对赛事进行总结，并制作、发布赛事结果；负责公司内部会议的筹备工作；对所负责的部门文件进行分类、整理、归档。办公室综合办事员必

须具有从事该工作所需的相关专业的文化和写作能力；工作严谨、踏实、一丝不苟，能熟练运用电脑及其他现代化办公设施，熟悉文件的处理，遵纪守法，具有良好的团队合作精神。此职位的配备数量将根据比赛项目的规模而定。在个人比赛中，仅需要 1~2 人即可完成所有工作。

③竞争工作岗位。参与大赛前期各项比赛规则的制定与修改；对所管辖的个人项目选手进行资格审核；帮助拟定本项目所负责的个人竞赛的仲裁和裁判人员名单，并提请会议讨论；参与所负责的各项目竞赛组织的工作；负责个人竞赛委员会与会议组委会的联系，以及会议竞赛部门对会议进行指导与监督。该职位的从业人员应具备较强的专业素质，对所负责项目的比赛组织方法、技术特点及裁判团队情况了如指掌，并具备相关工作经验；年轻，有较强的工作组织和协调能力，能够在外地独自完成工作，具有良好的团队协作精神和适应能力；品行端正，工作勤恳，责任心强；有较强的组织性和较高的政治素质；具有良好的生理素质，能够承受长期的工作压力，并愿意付出。

以上均为一岗多用之职位，其数目将依大赛之规模而定。高标准、大型的体育赛事，每个项目都要配备 1~2 名或以上人员进行专项管理；相反，可以缩减人员，或采取一人多岗的方式。

④管理人员岗位。管理公司各部门办公用品的发放和回收；协助竞争主管部门审批项目资金预算案，并上报各竞争单位；协助办公室秘书做好相关日常工作，处理好由办公室组织的各种会议。其工作人员必须具有“以人为本”的思想道德品质，“以人为重”的工作作风；具有良好的市场意识，熟悉比赛财政支出项目及规范；熟悉会议管理工作流程，遵纪守法，服从会议安排。在高规格和大型的体育赛事中，要有专门的工作部门，在普通的个人项目中，也要有专门的工作部门，或者有其他工作部门的工作人员。

⑤技术联系岗位。该岗位与直接为比赛提供服务的电子计时、兴奋剂检测和仲裁视频等专业技术团队相联系，并在食宿、工作地点和一些装备的安排上提供安全保障，并提供工作联系和信息交流，以确保各个技术团

队的工作能够正常进行。担任此职位的工作人员应该具有勤奋工作和为人处世的精神，严格遵守会议规定，有一定的时间意识，无论什么时候都不能迟到。该职位通常由 1~2 名成员担任，大型比赛时可增加到 3~4 名。

竞赛部门的所有工作都是在其主管负责人的带领下，实行岗位分工责任制，每一个岗位都有相应的独立地位，每一个工作人员都拥有实际的执行权利。为此，在选拔竞争单位负责人时，应注重其自身的人才质量，使竞赛部门真正建成一个业务能力强、作风优良的单位。

（2）工作程序和方法

比赛中各个环节的工作大都是在同一时间展开或完成的。本部门内部工作程序以整个赛事的三大阶段为基础，分为准备阶段、实施阶段和总结阶段，各个单项竞赛的工作程序也大同小异。

①预备期。

第一，在组委会尚未建立的时候，竞争部必须与其他竞争单位进行交流和接触，并且仔细倾听和理解这些竞争单位的一切需求，尤其是在国际竞争中，更要与其他国家的竞争单位建立良好关系，并且要以此为基础来确定竞争的总体规则。如果是国际性的，则该等文件发给各参赛者的日期为该等日期；在全国范围内的竞赛，将以较高级别的运动项目为基础，并以整体工作进展为准。通常，省、自治区、直辖市及直属城市的体育活动，都是在一年或一年半之前就开始。如此一来，各个参赛队伍就可以按照规定事先安排比赛，制订训练计划，设定比赛目标。如有多个队伍参加比赛，须于比赛开始前进行初赛之各比赛项目，则可于比赛开始后一至二年内，于比赛开始前发出各比赛项目之比赛规则。

第二，要完善比赛组织结构，合理设置比赛组的职位及成员，按照“人尽其才”的原则，根据工作进程及工作量，及时将参赛队员配备到位。通常情况下，要优先配置综合文秘岗的工作人员，它的职责是创建统计和其他文档的专题，存储数据，起草各种类型的文件，比如补充条例和通知。其他职位的员工可以在筹备期中后期逐步补充。

第三，对比赛组的工作进行规划。过程内容包括开工时间、工作内容、质量要求、进度、执行者、责任人。上级主管机关可以按照这个表格的安排来对比赛的组织工作进行质量和进度监督，如果出现问题，也可以有根据地找到负责人。

第四，每一次竞赛或者培训，都要进行实地考察，确定主办机构，并向组委会提交一份关于竞赛场所布局、设施、举办机构的实力等方面的报告。

第五，在每一次比赛委员会建立前，应将参加每一次比赛的仲裁委委员及正副裁判长的候选人名单提交给组委会，经组委会审查通过后，将该候选人纳入比赛委员会的组织中。

第六，按照要求，在规定的时间内完成登记工作，通常，正式的国内外竞赛都应该采取在线登记的方式。此项工作是由比赛行政岗位的工作人员负责完成的。针对所负责的工程，依照各工程的规定，逐一审查并核实在线返回的申报清单。审查的重点有：应聘人员的数量有无达到要求；申请书中所填项目是否符合要求；证明参赛选手资质的文件根据是否满足条件；请指明报名表格的投递时间，以确保其投递日期；是否有医生的证件以及是否有单位的印章等。初审结束后，才能对个人选手进行统计，并将名单提交给办公室。

第七，将大赛的总体顺序安排好，在制订总体进度计划的时候，要遵守相关纪律，各个比赛计划前后要一致，尽可能地创造出一个又一个高潮。

第八，按照规定，与专业的反兴奋剂检查部门一起，决定反兴奋剂检查的方式、检查人员、组织工作人员、建立工作协调小组、制订工作方案，做好反兴奋剂检查的准备工作。

第九，成立电子测量仪、裁判摄像仪技术协调会，与专业技术部门合作，做好设备、技术等各项筹备工作，并对操作者进行技术训练。

②执行期。普通综合比赛或个人比赛，由组织委员会首次会议讨论并通过所有工作计划后正式启动。此阶段以赛事前期及赛事过程为主。

第一，比赛处应在一项主要工作流程中，制定会议一般次序和比赛指导书。大会总秩序册是动员整个组委会综合工作系统从启动、运行到结束的一个关键的文件基础，同时也是对整个赛事活动节奏进行控制的关键，因此，它的决定过程需要由竞赛部门提供意见，经大会组委会讨论后才能实施。准备并考虑参加活动的指导方针。比赛处应帮助比赛组织方将比赛中所涉及的各项服务措施，比赛的内容与时间，比赛场地的路线与交通安排等编成比赛说明，并通知各比赛队伍。

第二，各比赛单位的负责人负责组织各比赛工作，包括各比赛项目的制定，比赛场地和比赛项目的组织等。尤其要仔细检查与比赛相关的各种准备工作，如果出现不符合标准或者器械缺乏情况，要立即给出具体的改进建议和要求。如各地区在处理以上问题时遇到困难，应及时向主办单位反映，以便主办单位进行统筹处理。比赛组委会要对比赛筹备工作进行检查，包括宣传氛围、后勤接待、保安安保等。

第三，召开比赛前的比赛委员会（或个人项目委员会）会议，并与各方进行沟通。

第四，在每一支队伍报名之前一星期（小规模的比赛，可以提前 1~2 天）派出比赛经理，负责监督比赛的报名、接待，以及分发比赛须知、比赛手册和各种补充通告。

第五，配合各地区各组在报名后召开 4 次会议：裁判长、队长和教练员联席会议；裁判专业研修班；裁判委员会；欢迎所有出席会议的人。

第六，比赛正式开始后，竞赛部门要做好一切相关的工作，比如宣布记录，统计结果等。通常情况下，所有体育项目的纪录（世界纪录，亚洲纪录，国家纪录，省级纪录，市级纪录）都必须输入电脑，然后在电脑上列印。此外，还将对各类运动成绩和各类数据（运动员、裁判员人数及分布、前六名或前三名奖牌数及分布、破纪录情况和各单项名次、成绩及对比、获其他奖励的单位和个人、团体总分和奖牌名次排列等）用软件编辑成综合程序，并设计出各类表格输入计算机，从而以较高的工作效率对每天成绩公告和总成绩公告的数据进行分析，以便在任何时候都可以为领导和媒体提供各方面所需的数据和资料信息。对于规模较小且没有现代化办公设施的比赛，也可以通过人工做表格、电台联系等方式来进行。赛会部行政主管应做好与大赛委员会的沟通工作，并及时将结果汇报给赛会部。晚上的结果必须在比赛结束后 30 分钟内汇报给竞赛部。在此期间，竞赛部的综合秘书岗位将 24 小时不间断工作，及时将各比赛项目的信息和结果公告打印出来，并由组委会办公室向相关单位发出。竞赛部要时刻关注兴奋剂测试结果，如果因为违规而导致被撤销参赛资格或者比赛成绩，要向主办方负责竞赛的领导和大会的办公室汇报，这样才能对录取的排名做出相应调整，有些重要的国际或者国家比赛，都要在几天之内通过药物测试得出结果之后，才能对排名进行调整，并在媒体上公开宣传。另外，比赛组也有责任在最短时间内将消息传递给媒体。

第七，各分赛区的比赛负责人负责协调各分赛区的相关工作；做好队伍离校的后续工作；各赛区的总结、成绩单以及各种奖项的获奖情况都会被送到竞赛部，交给综合秘书处进行汇总，再由他们整理出一份总分手册（如果是国际性的，还需要打印一份英文版的），最后送到各个领导机构和参赛队手中。

③末尾期。对竞赛组的工作进行全面总结，对全体员工进行绩效考核，这是其工作的最终环节。

秘书岗位的工作人员应根据主办方的要求，整理好各部门的工作汇报和相关文件资料，并在主办方要求的时限内提交给主办方。

第三节　体育赛事的竞赛管理

一、竞赛管理的基本理论问题

（一）竞赛管理的概念

从广义上讲，比赛管理就是运动比赛的组织管理者对各种级别的比赛进行规划、组织和协调，以更好地达到比赛目的。它包含运动比赛的前期准备，比赛的现场运作，以及比赛结束后的整理。

各项赛事均须严格遵守各独立体育联盟所订明的规定。这样做是为了使全世界的顶级选手都能得到最好的表现。在奥林匹克运动中，运动员的各项赛事都要遵循统一的组织方式。奥组委可设立比赛行政主管机构。

（二）竞赛管理的特点

1. 相对的规范性

每一项赛事都有比较完备的赛事机构规则及赛事规则。在比赛的筹备阶段，比赛的各项工作都是按照标准的要求来进行的。

2. 周期性

竞赛管理流程始于比赛准备阶段。比赛的准备工作，包括发出比赛通知、回收运动员的意见、运动员和工作人员的制证、比赛的安排。在比赛进行中，对选手的比赛进程、比赛结果等数据的统计与发布，是一项周期性工作。

3. 项目性

竞赛管理的每个环节都有项目的典型特征，综合性赛事的这一特征更明显，要根据实际要求对所有竞赛项目进行分类和指派专人统一管理。

（三）竞赛管理的目标

比赛的根本目的在于建立公开、公平、公正的比赛制度，使运动员在比赛中展现自己的技术，从而推动比赛的发展。要想做到这一点，竞赛管理要保证做到四点：第一，按照公平、公正、公开的原则，制定并实施竞赛规程与规则，保证竞赛的严肃性和公正性，从基本上保护竞赛的直接提供方，尤其是选手的利益。第二，为比赛提供安全、完整、性能优良的比赛环境，其中包含满足比赛要求的场地、器材、设备等，以保证比赛的正常进行和选手的安全。为提高体育水平，营造有利的物质条件。第三，对比赛安排的科学性和合理性。为参与比赛的各方当事人提供优质的比赛服务，不仅可以确保比赛的品质，而且可以增强比赛的可看性。第四，要建立一套严谨、细致、及时的信息系统，以保证信息的精确度与时效性。

（四）竞赛管理与国家体育管理体制

1. 竞赛管理体制的类型

竞赛管理体制是关于赛事管理机构的设置、责权和收益分配的统称。比赛管理制度对比赛管理目标的确定具有重要的指导意义。根据不同的性质、不同的内容、不同的结构以及不同的权力归属，国际上的比赛管理制度大致可以划分为三种类型：政府管理主导型、社会管理主导型、政府与社会管理结合型。

（1）政府管理主导型体制

政府管理主导型体制是政府设立专门机构管理运动竞赛的制度，权力相对集中。

（2）社会管理主导型体制

“社会治理领头系统”是指以社会体育团体为主体，对竞技活动进行治理的一种竞争治理系统。

在这种制度下，政府通常不会直接建立专门的管理机构，而是要将市场的功能发挥到最大限度，而政府体育管理机构的主要功能是运用法律、法规、政策等间接手段对运动竞技活动进行宏观管理。在这个体系中，管理权是比较松散的，而社会体育管理组织拥有比较大的权力，它能够将社会力量引入体育赛事的管理中，它的管理效益比较显著。然而，我国现行的行政审批制度也有不足之处，例如，行政审批制度缺少整体统筹，多部门治理，多部门之间可能产生利益矛盾等。

（3）结合型的管理体制

“三位一体”是指在竞技活动中，政府与社团对竞技活动进行协同治理的一种新模式。它的特点在于，国家成立了一个以制定政策、发挥协调、监管功能为主的特殊机构，对比赛过程进行宏观调控。而社会体育机构可以按照国家的政策、方针，对竞赛的微观经营进行具体管理，比如制订竞赛规则，举办竞赛。一体化经营能否取得良好效果，关键在于将两者的关系从宏观上与微观上相统一，也就是明确责权的分工。只有充分发挥一体化经营模式的优势，才能实现竞争经营的最大效益。

2. 竞赛管理体制决定竞赛管理目标

目前，国内的比赛采用分级管理制度。在竞赛层次上，可以分为奥运会、亚运会、全运会、全国行业系统运动会、全国性单项运动会、省级综合性运动会和单项运动会、市级和基层的各类体育比赛等多个层面，各种竞赛活动，要坚持“何人主办，何人责任”的原则。

健全的比赛管理制度，是比赛管理机构得以有效发挥作用的前提与基础，是提高比赛管理效率、达到预定目的的保证。比赛管理制度的建立，将对比赛的执行和效果产生重大影响。

二、竞赛管理的计划与组织

（一）竞赛计划

竞赛计划是为了达成竞赛目标而预先筹划和安排竞赛内容的理论依据，其科学性直接影响竞赛管理效果。

1. 竞赛计划的种类与内容

竞赛方案可以划分为多种类型。根据竞赛项目的规模，竞赛项目可划分为国家级、省级；根据项目持续时间长短，竞赛项目可划分为长期、中期、短期项目；根据竞赛项目不同，竞赛项目可划分为竞赛项目、群体项目、学校项目等。一份完整的比赛方案，包括比赛目标与任务，比赛类型与规模，比赛步骤与程序，比赛工作要求，比赛日程表，比赛名称，参赛对象，比赛承办单位，比赛地点，比赛备注等。

2. 竞赛计划的制订

（1）竞赛计划制订的程序

我国竞赛计划采用自上而下的制订流程，由国家体育总局和各单项运动协会根据发展方针、竞赛制度和实际需求制订全国和地方的比赛计划。

（2）竞赛计划制订的步骤

①确定竞赛目的。通常情况下，为迎接上一级比赛而组织运动队，提高运动技术水平，检查训练效果，活跃群众文化生活，推动基层群众体育活动的开展等，是我国竞赛的目的。在设定竞争目的时，必须对竞争体系

面对的外在环境和内在情况作综合考察和分析，以保证目的的客观性。

②制订比赛计划。在确定了竞争目标之后，要制订出若干可选择的竞争计划，以保证竞争目标的实现。竞赛计划的制订，首先是对竞赛方式的选择，从竞赛的任务、竞赛的范围、参赛者的年龄、竞赛的项目数量等方面进行研究。其次是决定比赛的时间，包括比赛的时间安排，比赛场地的气候条件，比赛的时长，以及比赛的假期等。除此之外，随着竞赛职业化、商业运营的发展，当组织具有较大社会影响力的竞赛活动时，应该考虑电视、新闻媒体的需求，以此吸引更多赞助商进行商业推广，还要将社会资金的使用和发掘出来，从而使竞赛的经济效益得到提升。最后是对竞赛场所和主办者的选择，包括场馆、交通、接待等方面的条件，以及当地的经济、文化、竞赛观赏程度等。一般情况下，大型体育赛事的举办权是由主办方决定的。

③比赛计划的选择。为了提升比赛计划的科学性，必须对比赛方案进行优化，比赛方案的优化要采用全面的分析方式，并在此基础上，多方考量各项现实因素，最终选出最优的比赛方案。

（二）竞赛的组织与管理

竞赛的组织与管理必须依托具体的组织机构，根据规模设立不同机构，负责记录、纪律、仲裁和违禁药物管理。

1. 竞赛管理的组织机构设置

在竞赛的组织和管理中，最重要的一个步骤就是组建比赛的组织机构。尽管各种比赛的组织结构存在差异，但是大部分比赛都是以委员会的方式进行。大赛组委会是大赛整体指导大赛工作的最高权威机构，大赛组委会根据大赛的特点和规模，在机构编制上没有特别限制。大赛组委会的直接功能是依据大赛所需的各项工作内容而设立的，并且与大赛的规模有一定的关系。一般由办公室、竞赛、宣传（新闻）、保安、行政、后勤等主要部门组成，并可按大赛要求设立对外接待、大型活动、工程、科研、资金筹措等部门。为节省人力和财力，在建立新的组织结构后，可根据具体情况按精简和提高效率的原则，分期向外借用工作人员。在一场重大的比赛中，组委会的领导通常是由一个国家的行政领导来担任的，并吸纳了一些与比赛相关的各单位领导，其中有一些具有代表性的参赛单位的负责人。委员会通常由一位理事、一位副理事和几位理事组成。

2. 竞赛纪录管理

（1）设立竞赛全国纪录的体育项目

在 15 项体育比赛中，设定国家纪录，包括田径（包括室内田径），游泳（包括短池），举重（包括室内两轮），射箭（包括室内两轮），赛道自行车，速度滑冰，室内短道滑冰，空中滑翔，空中模型，自由泳，滑冰，航海模型。建立或者废除一项或者多项的国家纪录，必须经过国家体育总局审批。之后，就“建立或废除全国性纪录的项目和年龄组，必须经过其审批”中关于建立全国性纪录的具体操作办法，又增加了 4 条。第一，对于已经建立了世界纪录的运动，只要是在国内有过 3 年的正规赛事，都可以提出建立国家纪录的要求。第二，如果没有在国际上建立过世界纪录，但是在国内已经有 5 年的正规赛事，则可以提出建立国家纪录的要求。第三，在新的比赛中，在没有确立国家纪录之前，可以通过国家个人竞技联合会自己宣布“最好成绩”，以推动该项比赛的技术进步。第四，建立一个全国性的纪录，必须经过体工部的严格审核程序。

（2）申请竞赛全国纪录的条件和程序

只要是由中国人民解放军、各省、自治区、直辖市体育局举办或批准的正规比赛，有一位合格的国际级以上的裁判员担任本比赛的裁判，就可以在正规比赛中打破全国纪录。其中，射击、短跑、速滑三个项目，只有在国内或者国外的大赛上，打破国家纪录的人才能获得国家纪录。对于竞走，只有参加过国际竞赛，各省、自治区、直辖市的竞赛，或由省、自治区、直辖市组织的竞赛（包含经国家体育总局认可的由省组织的邀请赛），而且有一名由国家体育总局指派的裁判，作为主裁判，其比赛成绩打破了全国纪录，才能被授予创造全国纪录的资格。一个年轻的运动员，如果能够打破一个国家的纪录，那么他就可以成为一个国家的纪录。新的全国纪录应当在比赛完成后 10 日内向国家体育总局提交申请。各参赛队伍应于归国之日起10日内完成报名程序，并向国家体育总局报送。

3. 竞赛纪律

运动员（队）、裁判员在比赛中，要端正赛风，严格遵守规则，赛出自己的风格和水平，这是精神文化建设的一个重要方面。

①对于违反比赛规则的选手，将视其严重程度给予警告，严重警告，取消该次比赛资格，取消多场比赛资格，暂停半年或一年比赛资格甚至取消技术级别等处罚。

②体育队伍在组别中如出现重大违规行为，均应由其教练负责。如果是教练员、领队参与、怂恿或没有阻止而造成的，应该根据情节的严重程度，给予教练员警告、停止半年或一年内率队参赛的处罚，对领队应该根据相关法律法规予以行政处分。

③裁判如果有任何违规行为，可视情况给予警告，严重警告，取消该场比赛或多场比赛，暂停一年或半年的比赛裁判职务，并降低技术水平等处罚。

④在赛事过程中，对选手及教练员、裁判员等喝酒者，要进行训诫，并予以纪律处罚。

⑤运动员、教练员、裁判员，衣着不整洁，不符合社会道德，不符合组别规则，不接受任何形式的批评，不允许其参赛，也不允许其担任裁判员。

⑥对公共设施及场地设施造成的损害，必须按比例予以补偿，故意造成损害者，必须严加惩罚。

⑦任何猥亵女性者，都要受到纪律处罚。参加群众寻衅滋事，闹事，扰乱公共秩序者，一律予以惩戒。

⑧凡是在比赛中被惩戒者，在年底评奖时将下调其评奖级别；被撤销参赛资格或被严重警告处分者，在年底将被禁止再参与评选活动。

4. 竞赛仲裁

仲裁又称为“公断”，是指双方当事人在争议发生前或争议发生后达成协议，自愿将争议交由第三方裁决，双方负有义务自动履行的一种解决争议的方式。

（1）体育仲裁的范围

体育纠纷是指因禁用药物、运动员流动、参赛资格等引起的体育专业纠纷，只适用于竞技体育活动中发生的纠纷。体育纠纷不包括赛场上的具体技术争议和其他一般性纠纷。

（2）体育仲裁机构

体育仲裁机构是由法律、体育和技术等方面的专家组成的民间机构。体育仲裁机构的仲裁活动根据国家法律及仲裁规则进行，不受任何机关、团体和个人的干预。

5. 违禁药物和方法的管理

违禁药物及使用方式是由奥林匹克委员会及其他相关的国际运动机构认定的被禁止使用的药品及使用方式，通称为“兴奋剂”。使用禁药是指运动员服用毒品，或以不合理的数量、不合理的方式摄取生理物质，试图以人工的、不恰当的方式来提升比赛能力。对于这个世界性的体育毒害，体育界始终持一种鲜明的立场。对此，国家体育总局制定了一套具体的规章制度。

①严格禁止在体育活动中使用违禁药物，并对其进行严格检查和严肃处理，以保持体育活动的纯洁性。

②国家体育总局是中国奥林匹克委员会的反禁药委员会，对我国的反禁药工作进行全面指导，各级体育行政部门、相关体育团体、体育单位都应当设立专门的管理人员，对本地区、本系统、本单位的反禁药工作进行监督管理。

③禁止运动员以各种方式或各种原因服用违禁药物，不得强迫、指使、引诱、欺骗、指导、配制、试验、出售、购买、有偿或无偿提供违禁药物，或筹集资金用于上述行为。

④在比赛中，根据相关要求对参赛选手进行药物检测，由违禁药品检验部门根据相关法规对违禁药品进行检验。目前，对违禁药品进行检验的单位为国家体育总局的违禁药品检验中心。

三、竞赛的过程管理

运动竞赛活动的流程管理是指运动竞赛活动在赛前、赛中、赛后三个阶段进行的一系列工作。在赛前工作的组织与管理中，具体内容有：研究确定组织方案，制定竞赛规程，建立竞赛组织机构，拟订工作计划，建立规章制度，并编写竞赛订单册。赛事组织管理工作主要包含开幕式的组织，赛事的组织策划，人员管理，后勤管理，以及闭幕式组织；赛事结束后工作的组织和管理，包括赛事结束后的人事、财务及其他跟进工作。

（一）赛前工作的组织与管理

在比赛开始之前，对比赛组织方案进行探讨，制定比赛规则，建立比赛组织机构，制订具体的工作方案、行为规范和比赛秩序册。在大赛组委会（或组委会）未成立之前，大赛的各项工作均应由大赛筹备委员会（或组委会）承担。委员会成立之后，就是委员会的职责。

1. 研究确定组织方案

在竞赛计划的统一部署和安排下，一项竞赛要想有步骤地进行，必须先对竞赛进行整体构想，并提出竞赛的组织方案。竞赛的组织安排要点如下。

①竞赛名称、竞赛目标及竞赛内容。竞赛项目的命名要依据竞赛项目的内容、性质、制度、时间、规模等要素来确定；竞赛的目标和任务应根据竞赛的性质、竞赛项目的特点以及本地区和部门的实际需要来确定。

②竞赛的组织者。

③竞赛的时间和场地。

④竞赛级别。主要内容有：确定运动员的范围，比赛级别，比赛场地和器材的等级和数量。

⑤竞赛的主办单位。主要是对比赛的各功能部门的设立、工作岗位的布置、工作人员的配备等进行阐述。

⑥资金预算案。主要内容有：比赛资金的来源和筹集方案；比赛资金的使用原则和范围；比赛资金的收支计划和增加收入、减少支出的方法。

⑦作业程序。对整个比赛工作进行阶段性规划，并对每一期工作的侧

重点以及具体的工作措施进行明确。

2. 制定竞赛规程

竞赛规程是一种用于组织和执行一项比赛的重要政策和规章，它对这项比赛的组织和管理有很高的权威性和重要指导意义，它是比赛组织者和参赛者都要遵守的法律。比赛规则应由比赛管理机构制订。个人比赛项目需要制订个人比赛规则，综合比赛项目需要制订个人比赛规则和综合比赛规则。

（1）竞赛规程的主要内容

具体内容包括竞赛名称、竞赛时间和地点、竞赛项目及组别、参加单位、运动员资格、参加办法、竞赛办法（使用的竞赛规则和采取的赛制、团体总分的设置办法、决定名次和计分的办法等）、仲裁委员会的组成以及与之相关的经费的规定。

（2）制定并下发竞赛规程的注意事项

竞赛规程的编制与发放是一项严谨、严格、严肃的工作。

①竞赛规程的制订应根据比赛目标和比赛方案进行。

②竞赛规程必须符合国家制定的相关方针政策法规，符合体育竞赛体系、项目和国际机构的相关规则，以及我国的比赛规则。

③竞赛规程的制订应从目标出发。它不仅要与国家和地区的国情、体育运动的具体情况相适应，而且要反映国际国内体育运动的发展水平和发展方向、运动员对竞赛的需要情况等。

④竞赛规程要完全反映比赛过程的公平性。

⑤竞赛计划书须事先发放。竞赛规程的发放要看具体情况，通常是在比赛前六个月至一年之前。

⑥若赛事较大及水平较高，为使各机构及选手能做好充足的心理准备，所需的实施时程也须较长。

⑦各单独的程序应与总体程序相一致。在重大综合比赛项目中，各个项目的竞赛规则的制订应以总体规则为基础，统一标准，不得有冲突。

⑧竞赛规程应当是稳定的。一旦通过，就要严格实施，不能一蹴而就，

变化不断，并且尽量不发出任何补充通知或更改规则。

3. 拟订工作计划和建立规章制度

组织机构组建后，根据竞赛规则和职责划分，制订各项工作方案和守则，包括竞赛计划、宣传计划、活动计划、安保计划、财政计划、员工守则和作息制度等，经组委会讨论批准后执行。在比赛管理中，除了一般的计划制订方式，还可通过制作网络图、工作流程图和表格等来制订整体计划和各部门计划。

4. 编制竞赛秩序册

竞赛指示书是比赛的组织化与特定指示的书面基础，是以各项比赛次序为依据，对综合竞赛次序进行适时编辑和编写，以完成各项竞赛次序的编制工作。每一项竞赛，都需要事先发放。

竞赛顺序册通常包含以下内容：比赛名称、时间、地点、主办与承办单位、竞赛组织机构图、竞赛规程和补充规定、大会各部（处、室）人员名单、各项目竞赛委员会及仲裁委员会成员和裁判员名单、各代表团名单、竞赛总日程表和各项目竞赛日程、分组名单、竞赛场地示意图、最高纪录表等。另外，如有必要，可将有关运动员、教练员和裁判的准则和各项评选规则纳入竞赛顺序册。

（二）赛中工作的组织与管理

1. 开幕式的组织

开幕式的基本步骤是：开幕仪式开始，裁判和运动员入场，升旗仪式（国歌，会歌），领导致辞，运动员发言（或宣誓），裁判和运动员离场，开场演出，宣告开幕仪式结束。

通常情况下，为保证开幕式正常进行，应该建立一个临时的指挥组织来控制和指挥开幕式的各项工作。在国家重大综合体育赛事中，通常是在大赛领导下，在组委会和其他各单位中抽调人员作为比赛的总指挥。如果有必要，还可以在总指挥部之下设立一些分指挥部，这些分指挥部主要是对开幕式的所有特定工作进行管理。比如，进入会场的分指挥部主要负责与入场相关的仪仗队、各个代表团的队伍、裁判员队伍的管理工作，同时要管理好与入场相关的奏乐、献花和升旗仪式等；舞台演出分部，主要负责舞台演出演员的安排和舞台演出的指挥；会议宣传中心主要承担会议的现场宣传、新闻发布、媒体报道、媒体组织、观众教育、现场环境的安排等任务；嘉宾区分会场的主要任务是对嘉宾区和主持人进行安排和招待；会议后勤处主要承担会议所需的水、电、声、讯等各项后勤保障工作；安保分局主要负责会场内外的安保工作，安保人员的配备，安保工作的组织和指挥。由于小型运动会的规模较小，参加人数较少，所以开幕式工作比较容易进行，可以由组委会指定3~5名成员，组建一个临时的指挥团队来负责该工作，具体的工作内容可以参考大型运动会的工作方式和模式。

2. 竞赛活动的管理

在大赛开幕之后，大赛的总指挥和总管必须到赛场上，全面而具体地组织各项活动。在竞赛过程中，必须坚持果断、及时、准确的原则，并强化各功能单位的协调与配合，避免竞赛过程中出现脱节、漏洞与错误。当出现问题时，要立即组织现场办公会、仲裁委员会或组委会召开会议，要对在竞赛过程中出现的弃权、争议、罢赛、弄虚作假、赛风等问题以及各种紧急情况进行研究，以保证赛事正常开展。

3. 人员管理

竞赛期间的人员管理，主要包括对裁判员、参赛运动队（员）及现场观众的教育和管理工作。

（1）裁判员的管理

比赛的成功与否与裁判团队的整体素质有很大关系。在比赛过程中，要加强对裁判员的思想政治工作，坚持“公正，准确，严谨，认真”的原则，坚决打击“私下交易”和“本位主义”行为；要在比赛开始前，对比赛规则要求及裁判法律进行深入学习，对比赛中可能发生的问题及解决方法进行细致分析；对关键位置上的裁判人员应进行多次训练和必要考试；召开赛前裁判筹备会议，进行合理分配，在关键的赛事之前，要仔细分析，谨慎选择有实力的裁判进行现场指挥，在一些有挑战性的赛事和打分的赛事中，尽可能选择与参赛队伍没有直接关系的裁判，以保证裁判的公平性和准确性；要对每场赛事进行及时、细致的指导和点评，使裁判员的工作水平得到持续提升。

（2）参赛运动队（员）的管理

在比较正式的比赛中，应当提前制订球队（员）的经营培训方案，并实行分类的经营方式。比赛主办机构应该先将所有的工作人员都召集起来，制定出统一的标准和详细的规章制度，同时要和其他各部门密切配合，还要经常举行联合会议来倾听大家的建议，解决一些问题，以便把工作做得更好。领队和教练员对队员进行指导和建议。通过严格有效的管理，每一支队伍都能做到公平竞争，团结拼搏，文明礼貌，相互尊重，运动员在竞争中能始终处于有利地位，取得更好的成绩，从而使比赛的整体效果得到持续提升。

（3）现场观众的管理

作为赛事的主要参与者，在高强度的赛事中，如果没有合理的安排和管理，将会严重地干扰赛事的正常进行，进而危及整个社会的稳定。因此，要想有效地开展体育赛事，比赛组织者要根据比赛现场的特定气氛和实际情况，制定相应的预防措施。

4. 后勤管理

竞赛期间的后勤管理工作包括检查场地设备、管理运动员住宿用餐交通安全、监督预算执行、医务防治和应急准备等。

5. 闭幕式的组织

所有比赛项目完成后，要按照预先拟定的比赛项目安排，做好比赛筹备工作。闭幕式的主要步骤如下：宣布竞赛闭幕式开始，裁判员、运动员入场（也可不举行入场仪式），公布比赛成绩和获奖人员名单，发奖，致闭幕词，宣布大会闭幕，闭幕式表演开始，宣布闭幕式结束。闭幕式的安排及指挥体系均为开幕式总指挥，而在重大综合赛事中，则应以主要赛事部门为主导。

（三）赛后工作的组织与管理

一场比赛的完成并不意味着比赛的全部行政程序已经完成。一般来说，在竞赛活动结束之后，赛事经理要进行一系列的赛后工作，其主要内容有：第一，办理各队离赛的各项手续，保证按时离开。第二，相关的借调人员要回到原来的工作岗位上。第三，对竞赛场地、器材、服装、器械等物质装备的归还、转让、变卖以及处置进行及时处理。第四，比赛的财政结算。第五，制作并寄出比赛的成绩单及相关的技术材料。参赛成绩单的制作，必须按照大赛规则中对参赛顺序及分数的要求进行。记分簿上包括打破纪录、个人排名、获得其他奖项和各项竞赛结果。第六，填写参赛选手的级别及打破纪录的分数。第七，移交和整理相关文件和数据。第八，对本次比赛的相关信息进行通报。第九，写好比赛总结，向地方政府和相关体育机构汇报，如果是举办过国家级比赛的，还需要填写各地区的数据报表。第十，考核和奖励。奖励参加会议的单位和个人，支持和协助会议的单位和个人，比赛的各个级别的组织者，指导和工作人员。

第四节　体育赛事的志愿者管理

一、体育赛事志愿者管理概述

志愿者作为运动项目的主要支持力量，必须加强对他们的管理，并给予他们足够的动力。但是，运动比赛中的志愿人员的特点以及运动比赛本身的特点，给运动比赛的志愿人员的管理带来了困难。所以，在比赛中，志愿者工作的组织者要引导志愿者及他人，以更好地了解志愿者的价值。

（一）体育赛事志愿者的概念

对于运动赛事的组织、筹备及举办，不奢望有任何的经济或物资上的奖励，而愿意为赛事组织委员会或有关机构贡献自己的时间、精力、技术、经验、服务及支持，并且能够完成赛事组织委员会或有关机构交给的各种工作。

我们可以从三个方面来划分运动竞赛志愿者。

一是依据运动竞赛志愿者工作需要的条件，将运动竞赛志愿者工作划分为一般与特殊两类。普通志愿者就是那些做正常服务工作的人，他们的工作内容包括：引导观众，安检，协调联络，鉴定，服装，观众服务等。相比之下，这场比赛的条件就比较简单，可以在社区和学校里招聘。特殊志愿者是由专门的工作人员组成的志愿者。特殊志愿者应具有从事运动活动所需之专门技术。其中，技术类、语言翻译类、体育类、医学类和媒体运营类的志愿人员占主导地位。大赛对于特殊志愿者的选拔条件比较苛刻，需要从一些专业协会、赞助商、社会团体和高校中选拔。

二是运动竞赛志愿者按工作时长，可划分为赛前志愿者与赛会志愿者两类。在世界范围内，运动赛事呈现出规模大、层次高、影响深远、内容丰富、赛事体系错综复杂等特点，为运动赛事的准备增加了难度。所以，很多比赛主办方都会在比赛之前招聘一批志愿者，编入组委会的其他部门，共同做好比赛的前期工作，并对志愿者进行相关培训。

三是依据运动员的身份，将运动竞赛志愿者划分为大学生志愿者与社会志愿者两类。大学生志愿者包括小学生、中学生和大学生三个层次。社会志愿者指的是除学生以外的其他志愿者群体，包括在职人员、待业人员和退休人员。我们的志愿者主要是年轻人，这一方面与国外发达国家有明显的不同。学生志愿者具有良好的文化素养，具有较高的学历，具有相关的专业技术，并且始终遵纪守法，易于组织与管理。但是，由于在校学习的原因，他们长期与社会保持“半隔离”的关系，他们的社交经历和交际能力较差，对紧急情况的应对能力较差。所以，体育赛事志愿者群体应当是学生志愿者和社会志愿者的合理组合，他们各自都有优势和不足，在做志愿工作的时候，可以充分发挥自己的优势。

（二）体育赛事志愿者的特点

体育比赛是一种综合性的特殊活动，它有高度的社会关注度、规模和复杂性、参与人群和领域的多样性，它是一种对主办国进行大规模的社会动员的重大活动。中国义工联合会将“义工”界定为：“义工”是以自己的良心、信仰和责任为己任，不求任何物质回报，自愿为社会、为别人做贡献的人。由于运动项目的特殊性，运动项目的志愿者除了要具备“自愿性”“无偿性”“公益性”“组织性”四个基本特征外，还要具备以下四个特征。

1. 志愿者服务时间具有相对集中性

运动项目在时间上是固定的、集中的、短期的，所以志愿者的工作时间也是比较集中的。特别是那些为比赛而工作的人，他们的工作有一个固定周期，那就是为比赛做准备，比赛一结束，他们的工作也就告一段落了。

这给志愿人员的工作提供了便利，但同时也使他们的工作变为高负荷、快节奏的工作。这就需要对志愿人员的管理，特别是对志愿人员进行培养。

2. 参与的人员具有同质性

因为运动竞赛的志愿者队伍以举办地为主体，以大专院校的大学生及青少年为主，志愿者队伍具有很大的同质化。高校学生志愿者的文化素养比较高，具有更多共同语言，更容易与他人沟通。但是，在活动中，大部分志愿者都是做着“小事”的工作，而且青少年个性张扬，表现欲望强烈，他们渴望被关注、被宣传。由于尚未步入社会，大学生面对“挫折”“失败”“人际关系”等问题的经历还很少，而且心理承受力也比较差。这就意味着，在对这些志愿者进行管理的时候，不仅要重视对志愿者服务技能和质量的管理，而且要强化对志愿者的人文管理，要重视志愿者的心理感受。

3. 志愿者的参与具有随意性

志愿者的参与具有自愿性、主动性、自驱自律性特点。所以，部分志愿者中途“逃逸”是无法避免的。但是比赛一开始，所有的事情就无法挽回了。在多哈亚运会期间，约有 4% 的志愿者因为种种原因没有坚持做好比赛安排的工作，这对参与比赛的志愿者工作造成了很大的不利。由于志愿人员的任意性，使得志愿人员的活动具有动态和某种程度上无法控制的特点。即使预先制订了详细方案，但比赛进行到最后，还是可能出现意外情况，而每一位工作人员甚至是志愿者，都无法保证他们能够应对意外情况。在此背景下，企业的人力资源、技术资源和信息资源能得以充分利用。

4. 参与动机具有复杂性

志愿者参加义工活动的动因是十分复杂的，有些义工在某种程度上是被强迫的，因此被称为义工活动的“灰区”。大学生的社会实践活动的利己行为是为了提高自己的利益，这里的利益可以分为两种，一种是有形的，另一种是无形的。利他性是在没有任何报酬的情况下，自愿去帮助别人的一种动力。义工的积极行为，是因为他们感到“为民服务”，并以自己的行为来回报社区。在这几个因素中，并不只有一个因素能够让被调查者满意，更多的因素都会让被调查者满意。所以，志愿人员的参加动机是比较复杂的。对于义工来说，如何满足他们的需要，是非常重要的。这就给经理们提供了一个更好的方法来激发志愿者的积极性。

二、体育赛事志愿者的管理过程

从人才工作的角度来看，体育比赛志愿者的工作应该由规划、招募与选拔、培训、配置与协调、激励、督导与评价、解聘等主要环节组成。这些环节相互联系，相互影响，相互制约。

从项目的运作过程来看，大赛义工的运作可以划分为三个阶段：筹备期、执行期和收尾期。

目前，我国体育竞赛志愿人员的主要工作是在活动筹备期进行的。在此过程中，组织方应组织众多的比赛志愿者，形成一个完整的团队协作，以达到比赛的终极目的。依次进行的工作是：体育赛事志愿者规划、招募与甄选、培训、配置与协调，其中激励、督导与评估等管理功能将贯穿整个过程。

比赛义工计划启动后，接下来就是执行。此时，比赛的义工和实习工作都已经完成。对志愿者已经从具体的管理转变成协调与控制，其工作的重点是对应急事件的发生、志愿者的退出和不同岗位志愿者的协调等。

在活动结束之后，由比赛人事处负责对志愿者的工作进行全面总结，并对其工作绩效给予一定的评价和表彰，之后，按照大赛组委会工作的要求，让志愿者们重新投入他们原本的工作和学习中。

（一）体育赛事志愿者的规划

“规划”就是对长期发展进行综合的计划。

所谓的体育赛事志愿者规划，就是以体育赛事组委会的总体规划为基础，对比赛中对志愿者的需要以及志愿者的供应状况进行分析和预估，运用招聘与甄选、培训与开发、认可与激励等方法，让志愿者资源满足比赛筹备需要的综合发展方案。其目标是为组织委员会在合适的时间和地点招募到合适的志愿者，以达到志愿者的最大效益。

因为志愿者没有薪水，也没有固定雇员的地位，所以如何对他们进行科学管理，让他们在志愿工作中得到更多认同，就显得尤为重要。做好对志愿者的计划，是对志愿者进行有效管理的首要步骤。匆忙的征召将使志愿者参与进来的机会变得微乎其微，进而影响志愿者计划的实施。若志愿者在策划、组织及实施等方面没有做好充足的准备，将导致志愿者不愿参与或对义工工作感到沮丧，进而引起志愿者的不满。与此同时，计划也要注意，不要因为满足了志愿者的需求而忽视了正规的工作人员。要想制订有效的志愿者计划，就需要把志愿者的动机、动机、协作品质都纳入考量范围。

体育赛事志愿者的规划，是以赛事项目服务宗旨为依据，对未来内外环境变化中志愿者的供给与需求状况进行科学预测，制定必要的志愿者获取、使用、保持和开发策略，使志愿者与赛事项目的需求相匹配。在此基础上，笔者提出了一套关于运动项目义工规划的整体流程，即调查分析、供需预测、规划制定、实施评估四个步骤。

运动活动义工计划是运动活动的一项主要工作，其计划主要包含三个部分：设定运动活动的指标体系，构建运动活动的组织架构，运动活动工作的分析。

1. 目标体系的确立

目标指的是一个组织各类管理活动所指向的目的地，它是以其目的为依据而提出的，在一定期间内要达到的预期成果。根据目标的层级，目标可划分为高、中、低三个层面；根据目标的内涵，目标可划分为总体目标、中期目标和专项目标；根据时间，目标可划分为长期目标、中期目标、短期目标；根据量，目标可划分为单一目标和多层次目标；根据稳定度，目标可划分为静态目标、动态目标等。

运动竞赛义工的经营目的并非一种，而是多元统一、互为补充。建立运动项目志愿者工作的目标系统，需要从三个层面进行研究。

第一，就运动活动而言，运动活动志愿者是为运动活动而工作的，其活动的成功与否是志愿者工作的首要目的；志愿者活动是体育活动的重要组成部分。对活动志愿者的有效管理是确保活动成功开展的重要保障。

第二，就活动志愿者而言，活动志愿者在活动中存在不同程度的积极性和需要性，要确保活动志愿者的需要与活动主办方的需要相吻合，从而让活动志愿者更好地为活动主办方工作，这需要活动主办方为活动志愿者创造更大的活动空间，以达到活动主办方的目的。

第三，从社会效益上讲，对比赛志愿者的管理，既可以促进比赛活动的开展，又可以为运动员自身的发展、完善和进步做出贡献，还可以弘扬志愿精神，推动社会发展，达到“多赢”的目的。

2. 组织结构的建立

组织结构指的是在一个组织中，有关岗位及权利关系的一套形式化系统，它对各种工作进行了明确描述，包括哪些人对哪些人进行管理，以及对其进行内部协调。一个恰当的机构架构，能明确各机构的权力和责任，可以提高机构的工作效能，并使机构的总体绩效更佳。反之，如果一个机构的架构和它的管理需求不一致，就会造成决策延迟，错误应变，成本上升，以及一些其他问题。

在比赛活动中，运动活动志愿者的组织结构有内外两个层次。

（1）外部组织结构

要想举行一场运动比赛，就必须征召大批志愿者，因为这些志愿者的性别、年龄和职业各不相同，仅靠大赛组委会的力量是无法胜任的，所以需要政府、高校和其他非营利机构协作和配合。

（2）内部组织结构

在运动比赛活动中，比赛志愿者的管理组织隶属于比赛活动组织委员会，通常按照志愿者的工作特点、工作职责划分为不同的功能部门。

3. 工作分析

岗位分析是企业人才管理的重要组成部分。它的工作内容是，在一个机构中，对一个特定工作职务的目的、任务或职责、权力、隶属关系、工作条件、任职资格等有关信息进行采集与分析，从而对这个职务的工作给出清晰的定义，并对要实现这个工作所需要的行为、条件、人员的过程做出判断。通常情况下，包括工作描述（即要确定工作的具体特点）和任职说明（即工作对任职人员的各种要求）。

运动活动中的义工活动涵盖的范围较广，对义工人员的素质和数量都有较高的要求。所以，对义工队伍进行良好管理，是保证义工工作健康有序开展的重要条件。在此背景下，研究志愿者工作情况，可以为大赛组织机构更好地开展志愿者工作提供依据。一般情况下，对义工工作进行的剖析主要是：义工的工作职责，义工的职务描述。

（二）体育赛事志愿者的招募与甄选

在人力资源管理中，员工招聘是一个十分关键的步骤，它的首要目标是能够让更多人前来申请，让企业拥有更多员工可供挑选，从而防止由于员工数量太少而导致聘用水平下降。

1. 体育赛事志愿者招募与甄选的工作流程

运动活动志愿者征募及选拔之成效，既依赖活动志愿者计划与工作之合理性，亦依赖活动志愿者征募与选拔方法之成效。在此基础上，大赛组织方根据大赛需要筛选出大赛需要的义工，并对报名者提出自己的要求。

2. 体育赛事志愿者招募的重要环节

（1）招募信息的发布

对大赛所需要的志愿者数量和素质进行初步预估后，再对外发布招募公告。有三方面要公布：第一，公布需要参加的志愿者数量和擅长的项目，并给出具体的报名流程（如报名、面试、培训等）、具体的时间顺序，还有一些需要注意的地方，比如身份证明、服装和交通等。第二，公开志愿者的征召和选拔准则。第三，利用多种形式的推广，鼓励更多优秀人士加入比赛志愿者队伍。

（2）招募方式的选择

从征集途径来看，主要有三种：一是由国家机构征集，二是由协会征集，三是由社会征集。但无论采取哪种形式，都必须与各类社会团体、社区服务组织、就业中介中心、各级院校等组织单位紧密配合，才能顺利地开展招聘工作。

（3）甄选方式的确定

参加运动会特别是像奥林匹克运动会这样的重大活动需要大量的志愿人员，从众多应聘者中筛选出最适合当前工作需要的人员是管理者面临的难题。为了防止因员工选拔失误而造成诸如高流失率、旷工和消极怠工等多种形式的流失，管理者应该采取科学的方法和步骤对员工进行系统性甄别。遴选过程必须包含：遴选准则的确定、遴选过程（初选和初选）和评估方式（如书面测试、口头测试、专家推荐等）。

（三）体育赛事志愿者的培训

运动竞赛志愿人员的训练，就是在竞赛组织机构的指导下，向他们灌输所需要的知识、技能、能力、态度等知识。但是，也有一些志愿者由于缺少相应的专业技术及工作经历，不能很好地理解比赛的目的，从而影响比赛的成功开展。因此，管理者需要加强对比赛志愿者的训练，使其在知识、技能、态度等方面得到全面提升，以达到提高工作水平的目的。

1. 体育赛事志愿者培训规划

对志愿者的训练，应当按照大赛委员会员工训练计划进行，并由大赛委员会人力资源部统筹安排。它的工作内容有：调查需求，制订方案，编写教材，培训师资，组织工作。

2. 体育赛事志愿者培训任务

对体育赛事志愿者进行训练，目的在于让他们能够更好地为体育赛事的礼宾接待、语言翻译、交通运输、安全保卫、医疗卫生、观众指引、物品分发、沟通联络、竞赛组织支持、场馆运营支持、新闻支持、文化活动组织支持等方面做出贡献，同时也包括为运动员、观众和工作人员提供迎宾和辅助服务，为比赛的顺利进行做好筹备和维护等工作。

3. 体育赛事志愿者培训形式和内容

（1）培训形式

与体育赛事志愿者管理的特征相结合，按照级别的高低，培训活动可分为三种类型：对志愿者提出基本要求的离散阶段培训模式、整合阶段培训模式与赛事的特定岗位需求相结合、聚集阶段培训模式与个体发展相结合。之后，再针对培训目的的差异采用多种培训方式，比如集中授课、网上教学、自学、讨论、场景模拟等。

（2）培训内容

①运动比赛的一般训练。它的主要内容包括：介绍体育运动知识、志愿工作的意义、国情市情、传统文化和礼仪规范，还有组委会的运作模式、志愿者的职责义务、如何处理紧急情况等知识，并与赛事的实际情况相联系，向志愿者解释组委会团队的情况、赛事志愿者管理政策、场馆设施、证件知识、交通流线、急救自救这六个方面的知识，以此提高志愿者的政治意识、大局意识、形象意识和责任意识，让志愿者对志愿工作的理解得到提高。

②体育活动的职业训练。它的内容是对志愿者在专业技术上的专业需求进行培训，重点是在竞赛规则、语言等方面展开专门的加强训练，具体包括专业词汇、专业设备的使用方法、部门工作概况、部门指挥等。与此同时，为志愿人员提供多语言（包括英语、俄语、日语、韩语）的训练，并在读、写、说、听和文化、思维能力等方面开展专业化训练，以确保训练质量。

③比赛场地的训练。它的内容包括：岗位的基本情况、工作地点、工作任务、业务流程、与其他部门衔接的方式和工作场所的相关情况、紧急情况的应对措施等。

4. 体育赛事志愿者培训的绩效管理

在大赛中，有效地提高志愿者的训练效果，是一项十分有意义的工作。这对提升义工的工作表现及对义工工作表现的评价有很大帮助。大赛组委会应该制定奖励机制，让优秀的志愿者得到国际社会的认可，并采取多种方式激励工作不突出的志愿者。

（四）体育赛事志愿者的配置与协调

运动比赛志愿者的配备，是指在运动比赛筹备工作中，按照运动比赛筹备工作的需要和运动比赛中的志愿者队伍的配备情况，对其进行合理调配。在比赛过程中，管理人员也要按照具体需求来分配各个职位的志愿者，以做到“人适其事、岗得其人、人尽其才”，从而使志愿者的资源得到最大限度的利用。

（五）体育赛事志愿者的督导与评估

志愿者为体育赛事提供服务属于一种无偿贡献，但善意不一定能转变为正面的行动。在比赛的时候，志愿者要做的工作非常多，他们需要花费大量的精力和时间，有些人还需要付出一定的金钱，再加上他们内部动机的复杂性和外部约束的非强制性，所以他们在工作时不可避免地会出现中途退出、对工作敷衍了事、绩效不佳等负面现象。为此，管理者必须对大赛志愿人员实施有效的监督和管理。

设立监督管理制度，主要是为了监督各种比赛中志愿者工作的执行情况，保证志愿者工作的顺利进行。在比赛过程中，各个比赛项目的时间都很紧张，所牵扯的服务类型也很复杂，很多工作都是志愿者无法提前体会的，如果他们在参加比赛之前对奥运会的期望出现了偏差，就很容易出现疲惫和懈怠的心理状态。监督的作用是对志愿者的管理，随时掌握志愿者人员的动态，以便更好地安排各个职位的志愿者。

监督的方式有四种：①一对一的谈话，也就是询问义工们的需要，帮助他们解决实际问题，并给他们一些建设性意见。②团体监督，可以是各单位的主管监督本单位的志愿者，制订团体工作方案，并在适当的时候监督其执行。③小组研讨，就是与志愿者对工作中存在的问题进行客观剖析，寻找解决方法，使志愿者在感情上互相扶持，团结一致。④实地指导，在观察志愿者的同时，也能透过与志愿者的互动，了解志愿者的工作状况。

大赛志愿者的工作业绩评价是对志愿者工作信息进行收集、分析、评价及传递的一项工作。对于志愿者的工作，无论是在比赛前、比赛中还是比赛后，都要有一个客观的评估。它与一般的人事评价有很大区别，它并不是单纯地以“费用—收益”为标准来评价的。

参考文献

[1] 王伦国 . 现代视角下的体育经济发展研究 [M]. 长春：吉林人民出版社，2022.

[2] 王虹 . 体育经济视角下体育赞助竞争效果研究赞助跟随的影响 [M]. 长春：吉林大学出版社，2022.

[3] 钟天朗 . 体育经济学概论 [M].3 版 . 上海：复旦大学出版社，2022.

[4] 刘庆 . 体育赛事文化与运营管理研究 [M]. 南京：南京出版社，2022.

[5] 翁飚 . 休闲体育经营管理教程 [M]. 北京：北京体育大学出版社，2022.

[6] 张铁军 . 多元视域下的体育经济发展探究 [M]. 北京：中国经济出版社，2021.

[7] 文瑜 . 中国体育旅游经济及案例研究 [M]. 北京：经济科学出版社，2021，7.

[8] 信伟 . 经济学视域下的体育产业发展探索 [M]. 北京：经济管理出版社，2021，4.

[9] 彭圣致 . 现代体育经济的多维度发展探析 [M]. 北京：中国经济出版社，2020，5.

[10] 王兆红，许寒冰 . 体育经济学 [M]. 北京：电子工业出版社，2020，12.

[11] 陈博 . 多元视角下体育产业的融合发展研究 [M]. 北京：中国经济出版社，2020，3.

[12] 魏永旺 . 体育经济与管理 [M]. 长春：吉林出版集团股份有限公司，2019，7.

[13] 陈伟 . 体育营销全程操盘及案例解析 [M]. 北京：民主与建设出版社，2019，1.

[14] 胡昕 . 经济学视角下的中国体育产业发展研究 [M]. 青岛：中国海洋大学出版社，2018，9.
[15] 庄政 . 社会体育与体育经济研究 [M]. 长春：吉林人民出版社，2018，9.
[16] 王媛婧 . 大型体育赛事志愿者的激励与管理研究 [J]. 当代体育科技，2022（29）：107–110.
[17] 黄勇，尹亨基 . 社会体育管理的特点及体制建设研究 [J]. 体育画报，2022（14）：153–154，156.
[18] 张音音 . 基于收益管理的体育场馆运行管理研究 [J]. 运动 – 休闲（大众体育），2022（8）：34–36.
[19] 宋嘉威 . 国家新文化、经济新增长与人民新发展：休闲体育的社会功能研究 [J]. 运动 – 休闲（大众体育），2022（16）：1–3.
[20] 徐爱银 . 体育场馆运营企业绩效管理存在的问题与对策研究 [J]. 商业故事，2022（4）：118–120.
[21] 徐赵利 . 我国体育用品企业战略成本管理框架研究 [J]. 中文科技期刊数据库（全文版）经济管理，2022（6）：192–195.
[22] 魏参茸，康冬 ."体旅融合"背景下大型体育赛事与旅游经济协同发展研究 [J]. 长安大学学报（社会科学版），2022（3）：77–85.
[23] 李雯欣 . 我国竞技体育管理体制的改革现状及对策研究 [J]. 文体用品与科技，2022（23）：84–86.
[24] 黄娜 . 体育场馆建设项目的全过程造价管理研究 [J]. 现代物业，2022（10）：88–90.
[25] 李艳 . 体育行政管理体制与体育经济发展的耦合研究 [J]. 商讯，2021（8）：157–158.
[26] 张环宇 . 冰雪体育产业发展下体育经济与管理专业人才胜任力培养问题研究 [J]. 经济研究导刊，2021（24）：97–99.
[27] 林雯慧 . 体育经济管理人才培养策略探究 [J]. 商业 2.0（经济管理），2021（5）：218.
[28] 刘陶怡 . 体育事业单位预算管理研究 [J]. 中国产经，2021（2）：

169–170.

[29] 刘树民，金承哲，苏显春 . 我国体育文化产业人力资源管理的研究 [J]. 科技资讯，2021（33）：101–103.

[30] 曾亚林 . “双创”背景下体育产业经营管理人才培养模式研究 [J]. 网羽世界，2021（20）：33–35.

[31] 曾佑喜 . 我国体育场馆经营管理现状及对策研究 [J]. 当代体育，2021（45）：128–129.